淡海文庫49

ええほん

滋賀の方言手控え帖

中山敬一

SUNRISE

郵　便　は　が　き

お手数ながら切手をお貼り下さい

5 2 2 - 0 0 0 4

滋賀県彦根市鳥居本町 655-1

サンライズ出版 行

〒

■ご住所

■お名前《ふりがな》　■年齢　歳　男・女

■お電話　■ご職業

■自費出版資料を　希望する ・ 希望しない

■図書目録の送付を　希望する ・ 希望しない

サンライズ出版では、お客様のご了解を得た上で、ご記入いただいた個人情報を、今後の出版企画の参考にさせていただくとともに、愛読者名簿に登録させていただいております。名簿は、当社の刊行物、企画、催しなどのご案内のために利用し、その他の目的では一切利用いたしません（上記業務の一部を外部に委託する場合があります）。

【個人情報の取り扱いおよび開示等に関するお問い合わせ先】
サンライズ出版 編集部　TEL.0749-22-0627

■愛読者名簿に登録してよろしいですか。　□はい　□いいえ

ご記入がないものは「いいえ」として扱わせていただきます。

愛読者カード

ご購読ありがとうございました。今後の出版企画の参考にさせていただきますので、ぜひご意見をお聞かせください。なお、お答えいただきましたデータは出版企画の資料以外には使用いたしません。

●書名

●お買い求めの書店名（所在地）

●本書をお求めになった動機に○印をお付けください。

1．書店でみて　2．広告をみて（新聞・雑誌名　　　）

3．書評をみて（新聞・雑誌名　　　）

4．新刊案内をみて　5．当社ホームページをみて

6．その他（　　　）

●本書についてのご意見・ご感想

購入申込書

小社へ直接ご注文の際ご利用ください。
お買上 2,000 円以上は送料無料です。

書名	（　　冊）
書名	（　　冊）
書名	（　　冊）

目　次

四コマ漫画およびカット：岸田幸治

⬆平成の大合併前の市町村および郡名と東西南北の地域名

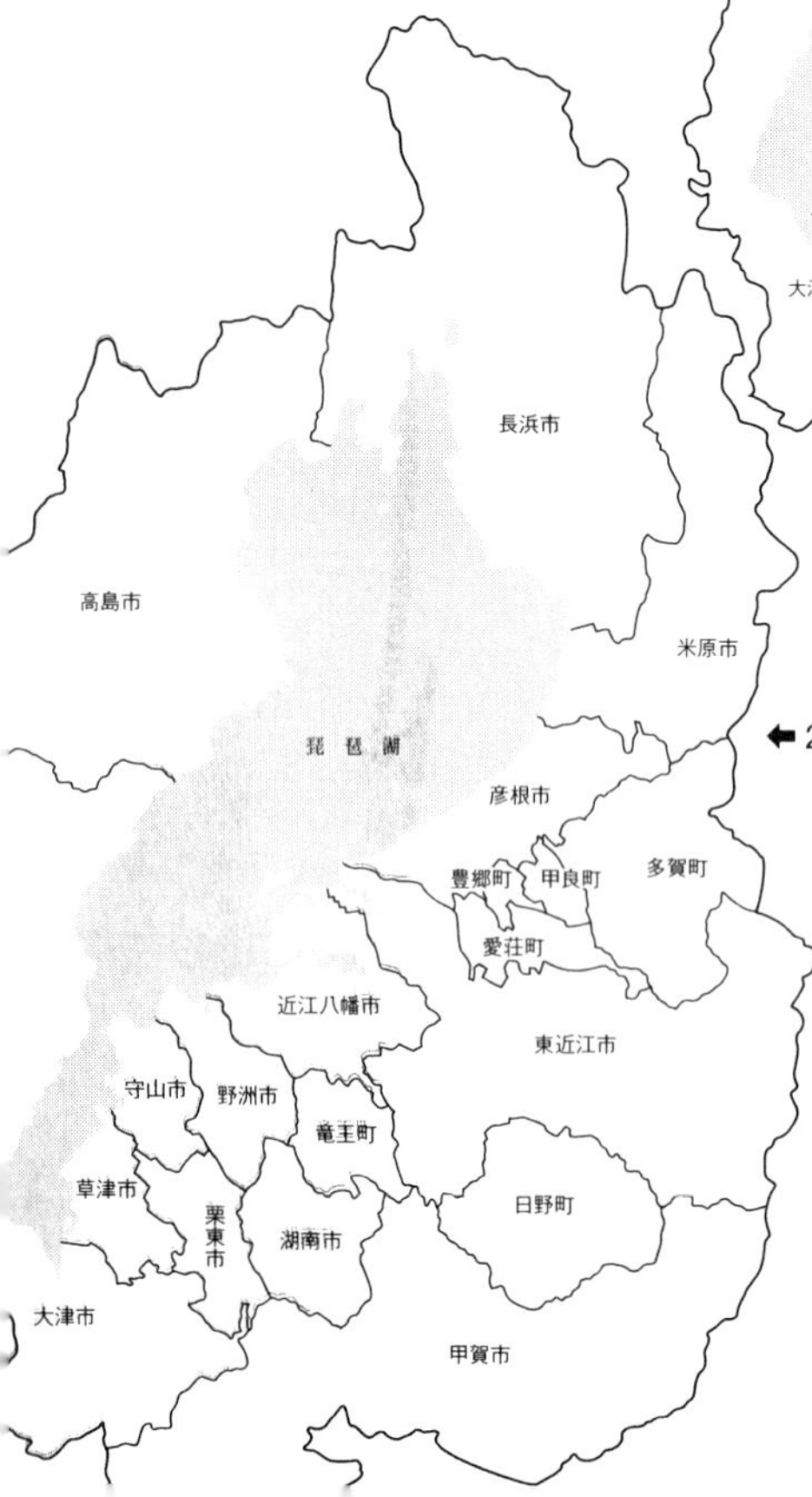

⬅2012年9月現在の市町境界

単語集（辞書編）

標準語訳

—**ほん** ⇩ P.102
ほん ⇩ P.101

そんなに
急がなくてもいいでしょう
もう、すぐ目の前じゃないか

やんせ ⇩ P.113
いんでこ ⇩ P.19

ほら、見てごらんなさい。
一度家へ帰りましょ

凡例

一、筆者が滋賀県内で耳にした語を中心に収録した。

一、【　】内は語の品詞で、それぞれ、名＝名詞、動＝動詞、助動＝助動詞、形＝形容詞、形動＝形容動詞、接＝接続詞、感＝感動詞、副＝副詞、接尾＝接尾語、連語＝連語を意味する。

一、例文は、該当する語の部分を太字にした。

一、四コマ漫画については、収録語の例文を組み合わせた以外に、新たにセリフを創作した。特徴的な湖北の語が多くなっており、すでに高齢者のみしか使用しない語を若者が用いている設定としたものもある。

あ

あい

【名】アユ。この言葉集を、琵琶湖名産の魚の名から始められることをうれしく思う。琵琶湖の中にとどまり体長一〇センチ前後までしか生長しないコアユも、「こあい」。

あいさ

【名】明日。「あした」の訛り。

「ああえら。もう**あいさ**にしょ」

どの地方にでも見られるような、単に「訛《なま》り」と思われるものも独立項目をたてて、紹介していくつもりだが、下に思いつくまま挙げておく。

滋賀方言	標準語
いごく	動く
おとろしい	恐ろしい
おそえる	教える
さぶい	寒い
つべたい ちびたい	冷たい
のぞ	のど
ひぼ	ひも
あのひそ	あの人

あかる

【動】（戸などが）開く。雨があがる。

「このサッシ、固うて**あからん**なあ」

「雨が**あかったら**、行こまいけ」

あこかい

【連語】駄目である。よくない。「あこか」「あっかい」とも。「あかん」に同じ。「あかん」は「埒《らち》があかぬ」が語源。だいぶ昔のテレビCMで、愛媛の母ちゃんが東京にいる息子に対して「野菜を摂《と》らにゃ、らちかんぞう」と呼びかけるものがあったが、この「らちかん」も「埒あかん」であろう。「あこかい」は「埒があこうか、(いや、あかない)」の「あこうか」からできたもの。また、「あかん」は、「あかへん」ともよく言う。

「あんな勝手な人、**あこかい**なあ」

「雨風が強すぎるさかい、こんなコウモリ(雨傘の意)、**あこか**」

「**あかへん**て、ほんなことしてたら」

―(あ)る

【助動】お―になる。―しておられる。古語にみられる尊敬の意の助動詞「る」(四段・ナ変・ラ変動詞の未然形に接続)が元の形とも思われる。すなわち、「る」の直前の動詞(未然形)の活用語尾のア段音が長音化し、「る」と一体化したもの。したがって「ある」は五段活用動詞に接続する。しかし、『日本国語大辞典』によれば、同じく尊敬

あ

外出先での雨

こんなええ天気に
傘みたい、いろ**かい**
いちおう持ってくわ
ザーッ
雨風が強すぎるさかい、
こんなビニール傘、
あこか
雨が**あかっ**たら、
行こ**まいけ**
……

―かい ⇩ P.35

あこか ⇩ P.8

あかる ⇩ P.7

―まい ⇩ P.102

標準語訳

こんないい天気に
傘なんか、いらないだろ

雨風が強すぎるから、
こんなビニール傘じゃ
ダメだよ

雨があがったら、
行くことにしよう

の意を示す「やんす・んす」（後出）が、「しゃる」（古語の尊敬の助動詞「す」の未然形「せ」に、同じく尊敬の助動詞「らる」の付いた「せらる」の変化）に由来するようなので、この「（あ）る」も、例えば「飲ましゃる↓飲ましゃある↓飲ま（あ）る」のように「しゃる」からの変化かもしれない。なお、「（あ）る」が「飲む」につく場合、「（あ）る」は「飲まある」というよりは「飲まーる」のように聞こえる。ついでながら、このときに「あ」を強く発すれば、「ある」は「はる」と聞こえるから、京・大阪言葉の尊敬の「はる」と同じ意味である。「（あ）る」の過去形は、「はる」が「はった」となるように、（あ）った」。

「表が騒がしいけんど、みんな、もう、行か**あるん**やろか」
「あの人、しばらく見ん思たら、脳溢血《のういっけつ》で死な**あった**んやて」

あろかい

【連語】あるわけない。前出の「あこかい」同様、「あろうか」という反語形の訛り。

「売り出しは一昨日《おとつい》やし、もう**あろかい**な」

あ

あわいさ

【名】すきま。あいだ。「あわい」「すわいさ」「すあい」とも。「なんや、さぶい思たら、**あわいさ**から風がはいったある」

あんじょう

【副詞】具合よく。うまく。「味よく」からの転か。「**あんじょう**しいや」

あんない

【形】まずい。おいしくない。「味ない」からの転。「土産《みやげ》もんにうまいもんがあるかい、たいていあんないもんや」

あんにゃ

【連語】あるのだ。「あるのや」が「あるんや」となり「あんにゃ」と訛ったもの。「にゃろ」の項でのべるが、「〜のや」はよく「にゃ」となる。「行くにゃ」「見るにゃ」等。「うっとこに、古文書が**あんにゃ**けど、いっぺん見てみいひんか」

孫のいぬ間に

もうはい ⇩ P.105
たい ⇩ P.69
すっこい ⇩ P.63
あんない ⇩ P.11

標準語訳

おかえり
こんな早く帰ってきたのか

それ、いいなあ
ちょっと
おくれ

自分だけ
ずるい

たいてい
おいしくないものだぞ

あんばよう

【副】具合よく。「塩梅《あんばい》よく」の訛り。ともに一〇〇歳を超えた例の双子姉妹「きんさん・ぎんさん」（一九九〇年代、頻繁《ひんぱん》にテレビ出演。それぞれ二〇〇〇年、二〇〇一年に死去）は、生粋《きっすい》の名古屋人で、「あんばいよう」と言っていた。滋賀では「あんばい」の「い」が消える傾向にあり、その分「あん」が強く発せられる。

「**あんばよう**せんと失敗してまうで」

―い

【助】―しなさい。親愛の情のこもった命令の意味合い。五段活用動詞の未然形につく。他の動詞には「やい」（「やい」の項参照）がつく。したがって、「書かっしゃい」が「書かい」となるように「い」は尊敬の「せらる」が変化した「しゃる」の命令の言い方「しゃい」からの転か。

「遅れるとあかんで、はよ行か**い**」

いいひん

【連語】居《い》ない。不在である。関西弁の打消の助動詞「へん」が「居る」の未然形「い」のイ音にひきずられて「ひん」

となったものか。未然形がｉ音になるのは、上一段・サ変であるが、これらの動詞の後には、「―やへん」よりも「ひん」がつくようである。かけひもとき著『滋賀県方言』（一九六二）の打消助動詞分布表を見ると、「ヒン・ヤヒン」は、湖南の特徴的な言い方だとわかる。

「健ちゃん、**いいひん**でえ」
「まだ**降りひん**のか」
「ほんな番組**見いひん**」

いかい

【形】大きい。

「**いかい**コイが釣れた」
「ちょっとこれ、拡大コピーで、**いこう**してくれ」

いかんこと

【連語】あってはならないこと。不幸なこと。不幸（死去・病気など）が出来《しゅったい》した場合の、挨拶で用いる言葉。

「このたびは**いかんこと**ができまして、びっくりしてますんやけんど、

ことばの諸相

［いいひん］

大津をはじめ、今や県下一円で「ひん」

「居《い》ない」は、「居やへん」よりも「居いひん」。これは生粋の大津人に試した結果。

「しない」は「せえへん」「しやへん」「しいひん」同程度でした。サンプルが恣《し》意《い》的ですみません。またカ変の「来ない」は、「こ（来）うへん」「き（来）やへん」「け（来）えへん」等、いろいろ言い方があるが、最近は「き（来）いひん」と言う場合も多いような気がする。

京都生まれで大津で育ち、木之本、近江八幡、草津と県内の北から南まで知る某氏も、この打消の「ひん」がお気に入りである。

『日本国語大辞典』によれば、「京阪の郡部では、『しん』『ひん』が行われる」とある。しかし、二〇一二年の現在では、大阪のお笑いタレントも「いいひん」を普通に使っている。どこもかしこも「いいひん」の観。ちなみに「居る」と同じ上一段動詞の例を他にもいくつか挙げてみる。みなさんは、どの言い方であろうか。「着ない」→「着いひん」・「着やへん」・「着てへん」、「降りない」→「降りひん」・「降りやへん」・「降りへん」、「見ない」→「見いひん」・「見やへん」・「見てへん」。

留守中の来客（湖北にて）

いいひん ⇩ P.13
つれ ⇩ P.77

やんせん ⇩ P.114

きゃんした ⇩ P.41

標準語訳

いないよ、友達のとこ行った

ごめんね、いまいないのよ

なんか女の子が来たわよ

あ

どうぞお力落としのないように」

いたぶら

【名】あぐら。安座《あんざ》（あぐらをかくこと）。「いたびら」とも言う。動詞形は「いたぶら（いたびら）かく」。「じょうら（結跏趺坐《けっかふざ》の仏像の別名「丈六《じょうろく》」から）かく」という地域もある。「いたぶら」に関して、かつて、京言葉研究の第一人者である堀井令以知《れいいち》氏から、語源的には、「座る」を意味する「いる」に、足でタグラを作ることではないかとの指摘を受けた。タグラとは足でツグラを作ることで、ツグラとは、藁《わら》製の丸い渦巻き状のものだとのお教えもいただいた。

いっせつ

【副】いつも。つねづね。

「**いっせつ**、いやや言うてやあるのに、なんでこんな時だけ、よいて言わるんやろ」

ことばの諸相

[いたぶら]

武士が用いた彦根ことば？

ある方言辞典によれば、彦根方面では、もと武士が使っていた語であるらしい、とあった。「あぐら」のこと。「いたびら」とも言う。奄《あま》美《み》大島では「いたぐら」と言うと聞いたことがある。「いたぐら」は「板あぐら」を語源とする説もあるが、「いたぐら」「いたぶら」「いたびら」の類は、「座る」を意味する「いる」に、足でタグラを作ることではないかとの言もある。タグラとは足でツグラ（藁《わら》製の丸い渦巻き状のもの）を作ることらしい。

さて、勝手な想像をさせてもらえば、もと武士が使ったというのなら、それは下級武士、主君にお目見えなどできぬ地位の武士が、板間で「いたぶら」をかいて、評定《ひょうじょう》の情報を漏れ聞く、そんな姿まで思い描いたりもしたくなる。

かように「いたぶら」は、大人の、しかも野生味ある一スタイルのようである。確かに子供があぐらをかいているのは生意気である。子供は無理をしてでも、チョコンと正座していればよろしい。

しかし「いたぶら」しかできぬ者の多い現代とは、野卑《やひ》なのか、ヤワなのか、よくわからぬ。

あ

いつなっと

【連語】いつでも。いつなりと。疑問詞「いつ」に「なり」・「と」がついた「いつなりと」の促音便《そくおんびん》形。同様に、「どこなっと」（どこでも）・「どれなっと」（どれでも）・「誰なっと」（誰でも）・「どっちなっと」（どっちでも）などと言う。なお、促音の「っ」は「なんなと」（なんでも、「なんなりと」）のようにはっきり聞こえない場合も多い。

「**いつなっと**言うてきてや、すぐ貸したげますさかい」

―いでも

【連語】―しなくても。動詞の未然形について、「―しなくても」という意味を表すが、主に五段動詞につく。

「口で言うだけで書か**いでも**ええやろ」

いぬ

【動】古語の「往《い》ぬ」。帰る。生活共同体の中では、「帰る」よりも「往ぬ」の方がなじむ。

「そろそろ**いぬ**わ」「いっぺん家へ**いんでこ**」「ほんなこと言わはるんやったら、**いん**どくれ」「暗なってきたし、もう**いの**け」

いらって

【連語】急いで。あわてて。「いらつ」（急ぐ・あわてる）の連用形に接続助詞「て」がついたもの。「いらち」という名詞形もあるが、「いらつ」はこの連用形以外の使われ方はあまり耳にしない。

「ええもんもらえるさかい言うたら、**いらって**きやった」

いらんこっちゃで

【連語】手間もそれほどかからないことだし。ちょっとした労を惜しまず（―しなさい）。

「ポイントカード持ってるんやったら、**いらんこっちゃで**、出して使い」

いんや

【感】いや。否定の意の感動詞。

「寄り合い、まだかいな」「**いんや**、これからやがな」

うい

【形】気の毒だ。相手にすまない。古語「憂《う》し」のイ音便形。

「正《まさ》やん、入院したてか？　ほら、**うい**こっちゃなあ」

あ

うみ

【名】滋賀県では当然「びわ湖」のこと。古来、近江の海。「われは湖《うみ》の子さすらいの…」というではないか。「うみのこ」（滋賀県在住の小学五年生を対象にした学習船）だってある。私も、子供会で水泳に行く貸し切りバスの窓から湖面が見えた時、みなで「うみや、うみやあ」と大はしゃぎしたものである。しかし、最近は「海」の意にとることの方が多いか。高島市出身の松本修氏（朝日放送プロデューサーであり、名著『全国アホ・バカ分布考』の著者。日本全国の方言に造詣が深い）は、「うみ（びわ湖）」を言うなら、古語であり近江の言い方でもある「しおうみ」（「海」）の項目もたててはどうかと指摘された。なるほど、内陸の京や近江では「海」とは「潮海」である。そう言えばこれも子どもの頃、「海」のことは「しおうみ」と言っていたか。そしてまた「しおうみ」とは、山を越すだけで若狭湾に至る湖西の地に、特にぴったりの言い方であろう。歴史地理的にも、日本海側の「しおうみ」の幸《さち》や物品は、高島市海津《かいづ》近辺を経由し、「うみ」を通って大津や京阪へ運ばれたのである。

うろがくる

【連語】うろたえる。おろおろする。

「あんだけぎょうさん人がやあるとこで話さなあかんとは知らなんだで、**うろが来て**もてなあ」

うろんた

【名】川の横、川岸にある水中の穴。「うろ(うつろな所、穴)」のこと。「うろと」とも。ここに潜んでいる魚を手づかみでとったもの。

―え

【助】―か。―ですか。疑問の意味の終助詞。広く関西で疑問詞の後につけて用いる「や」が「やい」となり、「え」となったものか。「え」も「いつ・どこ・だれ」などの疑問詞の後に続けて使われる。「え」は「えー」とやや長音化して音が上がるように聞こえる。

「今度の会長、誰**え**?」

「次の休みは、いつ**え**?」

あ

気になる

標準語訳

—え ⇩ P.22
えがんだる ⇩ P.24

貼ったのは、誰だい？

ゆがんでるよ

てべん ⇩ P.78
いんでもた ⇩ P.19

点がたりないだろ

帰ってしまったのか

えがむ

【動】ゆがむ。正しくない。

「あんな根性の**えがんだる**奴、あかん」

えぞくろしい

【形】基本は「よぞい」（の項参照）。湖東では「えぞくろしい」あるいは「よぞくろしい」だが、湖北では「よぞい」が一般的。「いやらしい・恐ろしい・しつこい・うるさい」等の意味で用いられる。厭忌《えんき》の情を表現する言葉であり、結論から言えば古語の「おず」「おぞし」に由来する。「怖《お》ず怖ず、怖じ気《け》づく、おぞましい」の「おず・おぞ」であり、語根の「おぞ」が「よぞ」「えぞ」になまったもの。滋賀では湖東と湖北を中心に、「えぞくろしい」「よぞくろしい」「よぞ（い）」の三つに派生し、混用しているが、「よぞい」だけは旧伊香郡を中心とする湖北特有の言い方であり、古形がこの地に残っていると言えようか。「くろしい」は、「暑苦しい」「狭苦しい」等、ある状態に耐えられない心性を示す接尾辞「くるしい」であろうか。他府県での分布であるが、『日本国語大辞典』（小学館）では、「よぞい」を岐阜県本巣《もとす》郡に認める程度である。同じく小学館の『日本方言大辞典』

では、この変形を、「えぞくるしー（養老）」「えぞくらし（大垣）」「えぞくらしー（羽島）」「いどくらしー（金沢）」に認めている。文献での用例として「ぴったり抱きつく柳腰、蟾蜍（ひきがえる）よりえぞくろし」（浄『猿丸《さるまる》太夫《だゆう》鹿巻毫《しかのまきふで》』）を挙げているが、厭忌《えんき》の情、おぞましさの例としてぴったりかと思う。エッセイストであり国語学者でもある寿岳章子《じゅがくあきこ》さんからは、京都では「えずくろしい」と言い、装飾過剰ないでたちの人などに対し、「いやあ、えずくろしい」などと用いるとの指摘があった。

「またあいつ借金に来よったんかいね、**えぞくろしい**ねえ」

えらい

【形】 湖国では「偉大である」の意よりも、「疲れた・体調不良・しんどい」意で用いられることの方が多い。

「ああ**えら**、もうあんな仕事かなん」

「風邪ひいて**えろうてえろうて**」

おいねる

【動】物や子を背負う。担ぐ。

「いったい、何を**おいね**てるんやい」

おいんなぁー

【連語】大津言葉で「いらっしゃい」の意という。大津駅前の観光案内板に「ようおいんなぁー」と歓迎の言葉が大書されている（二〇一二年七月現在）。私はじかに耳にしたことはないが、思うに、「お出でなされ」が、ウ音便《おんびん》や撥《はつ》音便をまじえ縮約されたものではないか。すなわち、「おいでなされ」から「おいなはい」、そして「おいんなぁー」というように。この言葉は、昭和七年刊の『滋賀縣方言集』（大田榮太郎編）に「おいんな」があり、採取地は蒲生郡とあるが、ここに限らず「おいなはい」などはよく耳にした言葉であった。さて、大津駅

大津言葉	標準語
ええもん	よいもの
おどぼ	ぬかづけの漬物
おまん	まんじゅう
きいつけや	気をつけて
きさんじ	気のきいた
けなりい	うらやましい
けんずい	間食
しまける	時雨もよう
せつろしい	せわしい
たいたん・やいたん	煮物・焼物
ぬくとい	あたたかい
ほかす	すてる
ようさん	たくさん

息子家族が大津のびわ湖大花火大会を見に帰省

	標準語訳
おいんなぁー ⇩ P.26	いらっしゃい
たいたん ⇩ P.26	ナスを炊いた料理、あなた好きだったでしょ
ええもん ⇩ P.26	よいもの、あげる
ようさん ⇩ P.26 きいつけや ⇩ P.26	たくさんの人だから、気をつけなさい

頭のこの案内板には「大津の方言・昔ことば」（「町のオアシス」編集）として、「おいんなぁー」の他に十三の大津言葉が挙げられている（26ページの表参照）。

おおさわ

【形動】大げさだ。必要以上に多大である。「おおさ」とも言う。「おおさ（わ）な」「おおさ（わ）に」と形容動詞の連体形・連用形のはたらきをする語である。意味は「たいそうな」「たいそうに」。「ここらへんはおおぼ（世間《せけん》の付き合い、特に慶弔《けいちょう》時のやりとりなど）がおおさなことでなあ」というように用いる。また、この語は方言らしからぬ顔をして、時に公的な場でもひょいと口をついて出ることもある。それほど幼少時から使用者の身にしみているのである。分布であるが、まず県内は『滋賀縣方言集』が大津市（旧志賀町）八屋戸《はちやど》で「オホサハ／凡《すべ》て物事に綿密なる」意として取り上げ、『滋賀県方言調査』は「オーサナ」で甲賀《こうか》・八幡・神崎《かんざき》・犬上《いぬかみ》・彦根の地を、「オーサワナ」で高島の地を記している。『滋賀県南東部方言・用例辞典』にも「オオサナ／大そうな」とある。もとは全県的規模なのである。他府県での分布については『日本国語大辞典』にはこの語そのものがなく、『日本

あ

ことばの諸相

[おおさわ]

万葉の昔に用いられた古語が語源か

「たいそうだ、仰山《ぎょうさん》だ、必要以上だ」という意味で、形容動詞的な働きをする。「おおさ」と言う場合もあり、「おおさわな」「おおさわに」以外の活用はないように思う。

この語に関しては、思いつきの仮説を述べてみる。すなわち、万葉の昔に用いられた古語「さは・さはに」が語源ではないかと思うのだ。意味は当然「数多く、たくさん」である。

かの万葉歌人、高市黒人《たけちのくろひと》だって米原市磯《いそ》で「磯の崎漕《こ》ぎ廻《た》み行けば近江の海八十《やそ》の湊《みなと》に鵠《たづ》さはに鳴く」と詠んでいる。「磯の崎をぐるりと回って漕いでいくと、あれ、あんなに、近江のあちこちの河口で、鶴が数多く鳴き戯《たわむ》れていることよ」。この用例に見られるような「さは」ではないか。

「おお」は「さは」の原義が忘れられようとする頃、冠せられた接頭辞などと言い出せば、「おおさわな」仮説になってしまうが、そんなに「さわ」ぎたてるほどのことでもあるまい。

方言大辞典』に、「誇大、ぎょうさん」の意でわずかに「若狭《わかさ》・大飯《おおい》郡」とあるのみである。蛇足ながら『日本方言大辞典』には、この大飯郡の用例と並記するかたちで「綿密でないさま、おおざっぱ（滋賀郡）」とある。確かに「たいそうな（こと）」からは、細部に行き届かぬ大味さの意味あいも生まれようが、採集地点が『滋賀縣方言集』と同じく滋賀郡であるだけに不思議である。もともと「おおさ（わ）」には、用意周到かつ必要以上に多大というニュアンスがあるように思う。それはともかく「おおさわ」こそ、滋賀県を特徴づける言葉の代表であろう。さて、語の出来具合であるが、やはり「おお」は「多・大」の意味の「おほ」であろう。問題は「さ・さわ」である。私見であるが、やはり「おおさ（わ）」の「さ（わ）」は「さは」であり、当然、万葉の古語、「数多く、たくさん」の意の「さは・さはに」であろうと私は思う。

「いやあ、おおきに。ほんなに**おおさわ**にお返ししてもらわんでもええのに」

「磯の崎　漕《こ》ぎ廻《た》み行けば　近江の海　八十《やそ》の湊《みなと》に　鵠《たづ》**さはに**鳴く

（万葉集三・二七三）」

おおぼ

【名】近所付き合い。在所内や親戚との行事・慶弔《けいちょう》の交渉、やりとりの意味。「おおぼう」とも。仏教語の「王法」からとの説もあるが、「わうばん（椀飯）…年始や吉事の際の饗応《きょうおう》」からではとも思う。

「田舎は**おおぼ**がたいへんやで」

おかちゃん

【名】母。おかあさん。ただし、「おとうさん」を「おとちゃん」とは、あまり言わない。

おじくそ

【名】こわがり。小心者。怖《お》じ気《け》づくこと。

「あの人、**おじくそ**やで、夜一人でよう歩けんのや」

おじぼ

【名】弟。長浜市西浅井町方面で使う言葉だということである。「叔父ぼん」から。若狭（福井県）にもよくみられる。なるほど、家父長制社会においては、「弟」として生まれた以上、いずれ誕生する「兄の子」（本家に属し、跡取りとなる！）から見て「叔父」となる宿命にあり、「弟」

のこと自体が「叔父ぼん」となるわけである。これは鈴木孝夫『ことばと文化』による。前出の松本氏は、かつての京都の言い方であろうと推測されている。

「あっこで働いてるのは、源やんとこの**おじぼやで**」

おす

【動】ございます。あります。女性言葉。「おます（御座す）」の略。打消は「おせん」。京の「どす」、大阪の「だす」も、「―でお（ま）す」の転であろう。

「多賀の奥やさかいけっこう坂が**おす**なあ」

「ほんなこと、**おせんで**」

「暑**おす**なあ」

おぼたい

【形】重い。冒頭の「あいさ」の項でもあげておいたが、「ひぼ（ひも）」「さぶい（さむい）」「つべたい・ちべたい（つめたい）など、マ行音はバ行音に転化しがち。

「なんと**おぼたい**漬けもん石やなあ」

あ

古い物置のかたづけ

どっこいせ
あかん、腰がいてまうわ
なんと **おぼたい** 漬けもん石やなあ
とりあえず すぐ近くの 石の上に置いた→
一人では持てんさかい、ちょっとほっち **かいて** くらいね
わしか
まだ ぎょうさん あるで…
ああ **えら**、もう **あいさ** にしよ

おぼたい ⇩ P.32
かいて ⇩ P.38
えら ⇩ P.25
あいさ ⇩ P.7

標準語訳

だめだ、腰がやられてしまう
なんて重たい漬け物石だろう

ちょっとそっちを
持ち上げてくれよ

ああ疲れた
もう
明日にしよう

おまいす

【名】お世辞《せじ》。べんちゃら。おべっか。

「やらしいやっちゃ。**おまいす**言いよる」

おまん

【名】お前。あなた。「おまえさん」「おまえはん」からの訛りか。

「**おまん**、バドミントンは初心者か?」

おわいかける

【動】追いかける。左の用例に示したような俗信の言い方にも用いられている。

「**おわいかけ**ぞうれん(葬礼)はあかん言うさかい、はよお通夜に行かい」

おん

【感】うん。はい。同意、承諾の返事。

「これ使てええか?」「**おん**」

か

おんた

【名】（動物の）雄。雌は「めんた」。

―かい

【助】―しない。ややきつい調子の打消の意を示す。動詞の終止形や推量・意志の「―う」の後につく。反語の「か」ではないか。

「あんだけの大雪や。チェーン巻いたって、なんの進む**かい**」

「こんなええ天気に傘みたい、いろ**かい**」

―かい

【助】―しよう。命令・勧誘の意。この「かい」も、前項の「かい」と同じく、疑問の「か」の変化であろう。

「退屈やし、もう帰ろ**かい**」

「飯でも食お**かい**」

—がい

【助】—よ。やや強調するニュアンスがあるか。
「ほうや**がい**ね。知らんかったんかいなあ」

がいっと

【副】擬声・擬態語。ぐっと。思いっきり。「ごいっと」「ごいごいっと」という言い方もよく耳にする。

「たてつけが悪いさかい、**がいっと**あけてや」

かいど

【名】古語の「かいと」(「垣外《かきと》」の転)のこと。屋敷の外。そと庭。『滋賀県方言調査』には、湖東・湖北に加えて甲賀や高島も使用地とある。私など、ずっと「街道」の意味にとっていた。母方の祖母がよく口にしていた。「垣内《かきつ》」も万葉の古語。

「ええか、あぶないさかい、**かいど**へ出たらあかんで」

かいらい

【動】帰りなさい、の意。元は「帰りやれ」か。

「もう暗いし、はよ、**かいらい**」

ことばの諸相

か

［がいっと］

印象深いオノマトペ

民衆語である方言の特性ではあるが、いったい、近江言葉には擬態語・擬声語（オノマトペ）が多いようである。これは湖国のボキャブラリーの豊かさなのか貧困なのか。で、私にとって印象深い三つの擬態語・擬声語をあげてみよう。

弟の結婚式で九州は博多に出向いた時だった。事業に忙殺《ぼうさつ》されていた叔父が、久しぶりに仕事を離れ熟睡したのであろう。中州のホテルで、朝日を浴びつつ「ああよう寝た、すいっとしたわ」。

同僚の細腕の女性は、立て付けの悪い戸を前にして、こう言った。「これは、がいっとやらんとあからんのです。がいがいっとやってくださ い」。

そしたまた、無口で通っていた同僚にどこかへ連れていってもらう時だった。彼はボソッとつぶやいた。「どうです。ぼちっと行きましょうか」

人生、「ぼちっと」やる時も「がいっと」強引に進む時もあるけれど、「すいっと」した気分で生きていられれば、言うことはない。

かえこと

【名】交換。「かいこと」とも。

「ほれとこれ、**かいこと**してえなあ」

がおー

【名】怪物。魔物。夜、騒いで寝ない子供をおどして静かにさせる場合などに言う。旧八日市《ようかいち》市（東近江市）の「がおーさん」に由来するらしい。彦根・愛知《えち》・犬上《いぬかみ》地域でも用いる。「ほら、**がおー**がきょうるぞ」

かく

【動】物を持ち上げる、持ち上げて動かす、という意がある。

「一人では持てんさかい、ちょっとほっち**かいて**くらいね」

かざ

【名】香り。匂い。

「ぷうんとええ**かざ**がするで。飲んできたな」

かっかかっか

【副】特に牡丹《ぼたん》雪などが激しく降るさまを言う。俚言《りげん》。

「あの日は雪が**かっかかっか**降ったあってなあ」

か

かなん

【連語】いやだ。困った。かなわない。

「**かなん**なあ、誰や、こんなことしたんは」

かんば

【名】漬物のことをこう言うと、長浜市曽根町（旧びわ町）の方から聞いた。

きーな

【連語】来なさい。来てください。要請・指示の意のこもった命令形。動詞の連用形の末尾の母音を長音化し終助詞「な」をつけた形。長浜のタウン誌の誌名は『みーな』（見なさい）である。「しーな」（しなさい）「行きーな」「食べーな」など、多々口にする。

「何してんの、早う**きーな**」「自分で**調べーな**」

きてかして

【連語】一緒に来てください、の意。「かして」は「手を貸して」の意であろうか。

「ちょっと、ほこまで**来てかして**」

きとろ

【名】北側、北裏。湖北に残る。「にしら」「ひがしら」も言うという。筆者などは「みなべら」を除いてなじみがない。森川許六《きょりく》『風俗文選《もんぜん》』中の戯《ざ》れ歌に登場する。奈良県高市《たかいち》郡明日香《あすか》村にある有名なキトラ古墳の「キトラ」もこの意味（所在地の小字名《こあざ》）とか。「ら」は「ここら・そこら」の「ら」であり、場所を示す大和《やまと》固有の語である。湖北では、いまだに、北隣・西隣の家を「北ら・西ら」というふうに、「ら」という言葉が生き延びているらしい。

きばる

【動】気を張る、がんばるの意は当然だが、単に「労働する・働く」で用いることが多い。高校野球で、沖縄県の応援団が「ちばりよー、○○高校」と言うのを聞いたことがあるが、「ちばりょー」は「がんばれ」という意味だそうだから、「きばれよー」の訛りであろう。

「わしは定年まで、まだ十年も**きばらな**あかんのや」

か

きやす

【動】消す。「けやす」とも。ネット検索したら、岐阜・鳥取・熊本県天草地方などで盛んに方言として取り上げられていた。古語の「消ゆ」に由来するか。「燃やす」の方は「燃《も》す」よりも一般化している。

「テレビ**きやし**といて」

きゃんす

【連語】来られる。「来（き）」に尊敬・丁寧の意の「やんす」がついた形。打消の場合は「きゃんせん」。過去形は「きゃんした」「きゃんた」となる。湖北・湖西独特の言い方。

「**きゃんた**、**きゃんた**、きゃんたでえ。待ったかいがあったわあ」

きんきん

【副・名】許容量いっぱいで窮屈《きゅうくつ》なさまを言う。

「あの服小さなってもて、もう**きんきん**や」

きんの

【名】きのう。昨日。

「**きんの**はえらい世話になって、済まんかったこっちゃな」

琵琶湖にて（「来た」の活用・湖北男子編）

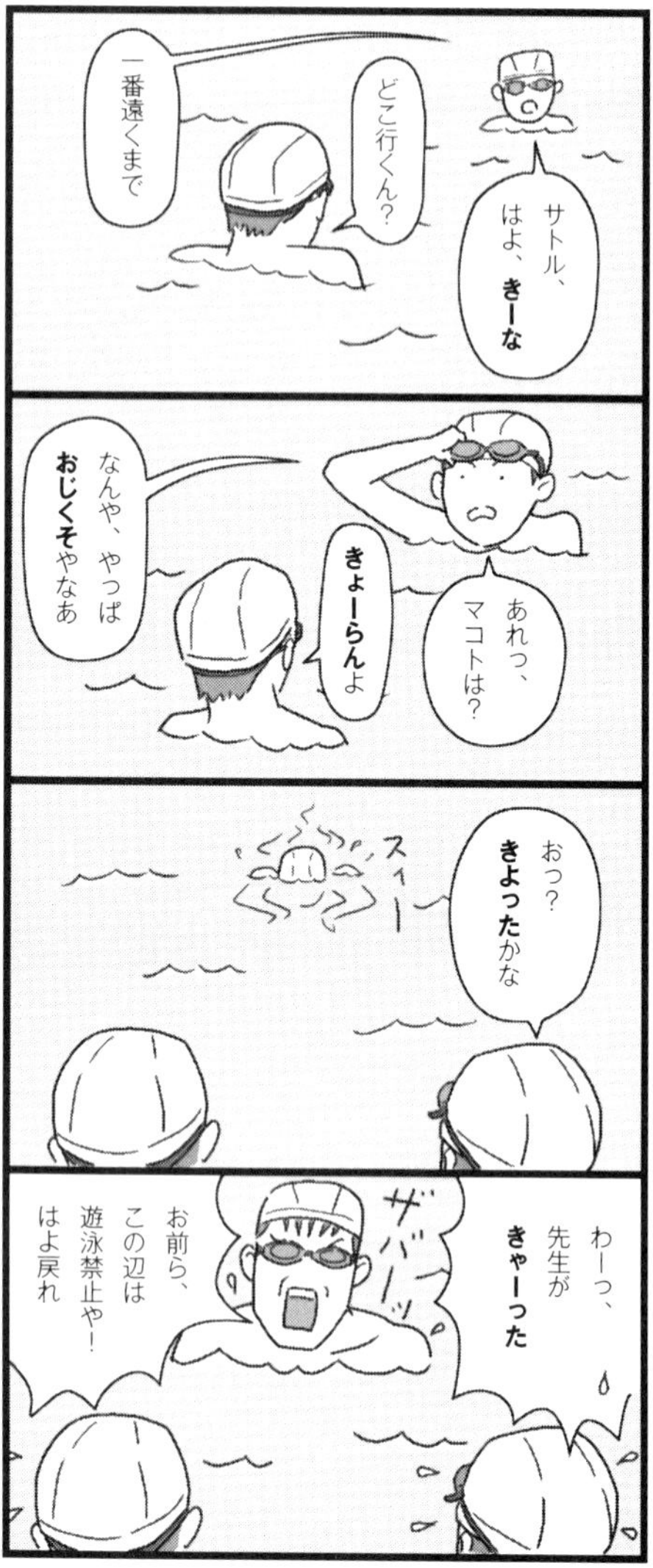
サトル、はよ、**きーな**
どこ行くん？
一番遠くまで
あれっ、マコトは？
きょーらんよ
なんや、やっぱ**おじくそ**やなあ
おっ？**きよった**かな
スイー
わーっ、先生が**きゃーった**
ザバーッ
お前ら、この辺は遊泳禁止や！はよ戻れ

きーな ⇩ P.39
きょーらん ⇩ P.119
おじくそ ⇩ P.31
きょった ⇩ P.119
きゃーった ⇩ P.111

標準語訳

サトル、早く来いよ

来ないよ
いくじなしだなあ

おっ？来たかな

先生が来られた

キャンプ場にて（「来た」の活用・湖北女子編）

遅いわ、ヨウコ はよ、**きーな**
どこ行くん？
神社まで肝だめし
マキは？
きゃんせんよ
なんや、**おじくそ**やな
ほの顔 こわい
あれっ？ **きゃんた**かな
わーっ！ 先生が **きゃーった**
お前ら、キャンプ中に なに抜け出してるんや

きーな ⇩ P.39
きゃんせん ⇩ P.41
おじくそ ⇩ P.31
きゃんた ⇩ P.41
きゃーった ⇩ P.111

標準語訳

遅い、ヨウコ
早く来なさいよ

来ないわよ
なんだ、臆病者め

あれっ？
来たかな

先生が
来られた

[きゃんす]

千客万来の願い込め商業施設名にも

長浜は国道8号バイパス沿いに「Can's（キャンス）」という商業施設があり、彦根城のお堀の近くに「ござれ食堂」がある。「きゃんす」は「おいでになる」意の湖北の方言であり、「ござれ」は「いらっしゃい」の意。

どちらも「千客万来」の願いのこもった、しかも方言で地方色を出した洒落たネーミングであり、経営者の言語センスがしのばれる。

平成元年（一九八九）に岡山の山陽相互銀行が「トマト銀行」に商号を変更して評判になったことがあったが、どうせなら「じゃけん銀行」にすればよかったのに。しかしこれでは「邪険」に通じるので、だめか。

わが湖国にも、ひとつ思い切って「だんない病院」や「おおさわ新聞社」を設立、あるいは改称する勇気があってもいいのではないか。名は体を表すのである。麗々《れいれい》しいのは、空疎《くうそ》と紙一重である。しかし、これが「ほっこり税務署」や「おせんどローン」なんて言い出すと、識者に叱られることになるのだが。

きんまい

【形】 立派だ、美しいの意。十年近く前だったか、ＮＨＫ教育テレビで紹介された滋賀県の方言である。県東北部育ちの筆者は、一度も耳にしたことがない言葉。「きんまい柿や」などと言うらしい。ちなみに、昭和五十年発行の藤谷一海《かずみ》編『滋賀県方言調査』には、この言葉の採集地として、雄琴《おごと》・堅田《かたた》・小松・坂本・沖之島とあり、増井金典氏の辞典（二〇〇〇年五月発行）には、採集地として、守山・今浜・堅田・小松・坂本・沖島を挙げている。湖族の言葉なのか。

―くだい

【動】 ―ください。―ちょうだい。「下さる」の命令形「ください」が「くだはい」となり、ハ音が消滅したもの。湖北では原因理由の意の「―さかい」も「―はかい」と言う場合がある。「くだい」は接続助詞「て」とともに補助動詞として、「―してください」の意でよく用いる。

「はよう、書いて**くだい**ねえ」
「その酒、ちょっと飲んでみて**くだい**」

―くなる

【動】若い人の言い方に多い。滋賀県に限らないが、最近非常に耳に付く言い方なので挙げておく。中古の打消の助動詞「ず」の連体形「ぬ」は「ん」となり、「ん」は打消の終止形として定着した。「今はおらん」「よう言わん」等々。この「ん」が、現代語の打消の助動詞「ない」の連用形「なく」と混用、合体されている。あとに挙げた例文も、私なぞは「あかんようになる」「言えなくなってしまう」「誰もいなくなる」の方が落ち着く。しかし、このような言い方もいずれ多数派になっていくのであろう。「あかんく」など、うっかり使ってしまいそうだ。「言葉」は時代によって変わっていく。衆寡敵せずと知るべし。

「あかん**くなる**」「言えん**くなって**しまう」「誰もいん**くなる**」

―くらい

【接尾】言われるまでもなく、当然―した。言いようがないほど。たくさん―した。

「昔、ギギちゅうてた魚おったなあ」「ああ、おった**くらい**」「ちゃんと言うたか？」「言うた**くらい**」

——けえ

【助】「—かい」という、軽い疑問の意を含んだ終助詞。「かい」が「かえ」となり、「けえ」となまったもの。ただし、湖国では、「かえろ（帰ろ）」は「けえろ」とは言わない。

「もう、帰るん**けえ**。もうちっとゆっくりしていきいな」

けなるい

【形】うらやましい。古語の「異《け》なり」から。「けなりい」とも。

「あんた、うち、こんなん持ってるんやで。**けなるい**やろ」

げべ

【名】最後。後塵。最下位。「下《げ》卑《び》」の訛りか。「げべった」「げべっちゃ」「げぼちゃ」等言い方のバリエーションが多い。

「今度のテストで**げべ**になってしもた」

げろむけ

【名】すっかりむけること。「ぎょろむけ」とも。

「ひどいケガでなあ、足の皮が**げろむけ**やがな」

[げべ]

その悲哀を一度は味わうべし

この語は、げべ、げべっちゃ、げぼっちゃ、げぼちゃ、げっちゃ、げった、げべった等、実に多くのバリエーションがある。「下卑《げび》」の訛りで、最下位・どん尻の意。

濁音《だくおん》で構成されているこの語には、悲哀や道化、嘲笑や諦念《ていねん》、卑下《ひげ》やら優越意識やらが、しみついており、そのTPOに応じて、さまざまな人間模様が込められているはずである。その辺りの事情が、「げべ」に収まりきらぬバリエーションの多さに反映しているのではないか。

一面、子供がよく用いた語であったからかもしれない。子供の世界において「げべ」は「かなん」ものである。ガキ大将傘下においては、最年少者は、その地位からして「げべ」であるし、かけっこにしても鬼ごっこにしても、「げべ」は、いわばさらし者になることを意味した。

このように、人は「げべ」の悲哀を一度は味わって大きくなったものだ。終生「げべ」であることはつらいことだが、「げべ」の悲哀を知らぬ者は「人でなし」と言えば、言い過ぎか。

か

こうびり

【名】特に農作業時にとる昼下がりの食事。「こびる・こうびる」とも。「小昼」あるいは「後昼」の意か。午前中の「こびる」は「前こうびり」と言ったらしい。

こうらい

【名】「なんば」の項でも触れるが、湖北ではトウモロコシのこと。「こうらい」とは、朝鮮の異称である「高麗」（KOREA の語源でもある）。いったい、なんば（南蛮）もそうだが、トウモロコシだって「唐唐土《とうもろこし》（諸越）」だから「中国伝来」くらいの意味。野菜に限らないが、その名称が原産地・経由地名であるもので、有名なものの一つにカボチャ（カンボジア）が挙げられるだろう。そう言えばカボチャは「南京《なんきん》」「唐《とう》なす」とも言う。また、韓国朝鮮語で「薩摩芋《さつまいも》」のことを「コグマ」と言う。これは救慌植物であるサツマイモのことを、日本で「孝行芋《こうこういも》」とも言っていたが、その対馬方言とともに移入されたからだという。

[こうびり]

日に五度の食事を必要とした農作業

「お八つ」や「お三時」などどという生やさしいものでは、とても腹が持たぬのである。日入り果てての仕舞であるし、しっかりと腹ごしらえをしておかねばならぬ。百姓仕事はそんな重労働であった。

「こうびり」は、特に農作業時にとる、昼下がりの食事を指して言った。「こびる」「こうびる」とも言う。大人数の場合、古くはお櫃《ひつ》や食器ごと農地へ持っていったらしいが、どうせ飯ばかり。おかずなど、花がつおをまぶすか、お愛想にたくあんと梅干の二つ三つのった程度のものであったろう。

私には、野良仕事を終える母を待つ間、「てご」（藁《わら》で編んだ大きな入れ物）に潜り込んだその足に当たった「こうびり」用の、空の弁当箱の冷たい感触の記憶がある。先日、感傷に任せてそんな思い出を語ったところ、実は昼前にとる「こうびり」もあり、それは「前こうびり」と言っていたと、今は老婆の母は言った。

私は軽いショックを受けた。まさに、飯を食うために飯を作るという、生き物としての百姓の営為に、大げさに言えば、切なさと人間としての尊厳を感じたからである。

か

ごえんさん

【名】僧侶、お坊さんのことをこう言う。「御院主様《ごいんしゅさま》」の訛りか。

「まだ**ごえんさん**はきゃあらんのかいな」

ごがわく

【動】腹が立つ。腹立たしい。「ごうがわく」とも。「ご・ごう」は梵語《ぼんご》の「業」であり、「業を煮やす」と同じ。

「あんまり無茶言わあるさかい、**ごがわいてごがわいて**」

ごくたれ

【名】道楽者。極道者《ごくどうもの》。「たれ」は「あほたれ」「あかんたれ」の「たれ」に同じ。人を見下げて言う接尾語。語源は「極道者」か「穀潰《ごくつぶし》」か、よくわからない。

「あの、**ごくたれ**めが。借金ばっかしてきよる」

こさえる

【動】作る。こしらえる。具体的な事物ではなく、抽象《ちゅうしょう》的な概念をさして、この語が用いられる場合、ある種のあじわいがある。

「ええ関係を**こさえ**とかんと、後で困るで」

ござる

はもう死語か。

【動】いらっしゃる。来られる。「御座《ござ》ある」がつづまったもの。過去形は「ござった」。県下ではよく用いる。同じ意味の「わす」

「ごえんさんが**ござる**さかい、ええ茶出しとけよ」

「こっちへ、**ござれ**」

こぼつ

【動】家などを壊す。破る。古語の「こぼつ」。

「清やんとこ、家**こぼって**やあるけんど、新築しゃあるんやろか」

ごぼる

【動】雪の中に足などがはまり込む意。高島市新旭町で生まれ育った女性から聞いた。湖西・湖北ならではの語感がある。「ゴボッ」という擬声語の動詞化か。

「この雪で長靴が**ごぼって**、ここまで来るのもなかなかやったわ」

こまし

【名】少しまし。それほどいたんでいないもの。

「**こまし**なものは、再利用しますんでえ、ふ(捨《す》)てんといてください」

ごみょうさん

【連語】気をつかわないで。勘弁して。「ごみょうはん」とも。長浜市（旧浅井町）の方から聞いた。元は「御無用《ごむよう》さん」だと長浜市（旧びわ町）の方が言っておられた。気づかい無用の意である。

「もう、そんなんしてもらわいでも、**ごみょうはん**にしとくなはれ」

ごもく

【名】ごみ。あくた。全国的に見られる語であろうが、この地方では日常的によく使う言葉なので、あえて挙げておく。

こらいて

【連語】我慢して・許して・こらえて（ください）。

「ええっ、また来年もわしが役かいな。

ほら、**こらいて**えなあ」

ごんす

【動】来られる。長浜市（旧浅井町）方面でよく使われると聞く。「御座す（よくある訛りが「ござんす」か）」が、なまったものといわれる。過去形は「ごんした」。

「糀屋《こうじや》のおっさん、**ごんした**でえ」

さーる

【動】尊敬の意で、―される。「やる」の項で述べるように、サ変動詞の「する」の連用形「し」に「やる」が接続し、「しやる」となり、「しゃある」「さある」となまったものか。過去形は「さあった」「さんた」。特に北の方に残る。

「あんまり腹たてやったさかい、ほんなこと**さあったん**やなあ」

さ

さいぜん

【副】さきほど。今しがた。「最前」。

「**さいぜん**、言うたやろが、もう忘れたんかいな」

さずむ

【動】何かが収まり事態がマシになる。鎮静化《ちんせいか》する。長浜市木之本町出身の方から指摘を受けた。増井金典氏の辞典に当たってみると、ほぼ同じ意味で、使用地に「高島、犬上、愛知《えち》、神崎《かんざき》、大津、甲賀」とある。老母に尋ねたら、小降りになってきた外を指さし「『雨がさずんできた』言うで」と言った。

「その後、お腹痛はどう?」「うん、だいぶ、**さずんで**きたわ」

さぶしない

【形】寂しい。「さびしない」とも。「せわしい」を「せわしない」というのと同じで、「さぶし」についた「ない」は、その語の意味を強める接尾語で、形容詞を作る。否定の意味はない。「切・ない」「端（はした）・ない」等も同じ。

「集まったのはこんだけかいなあ。えらい**さぶしない**こっちゃなあ」

じじむさい

【形】不細工だ。洗練されていない。「じじくさい」「じじぐさい」とも。

「インクがにじんだるし、えがんだるし、**じじむさい**線になってしもた」

したらい

【連語】―してやりなさい。「―してやる」の命令形「―してやらい」がつづまったもの。

「自分ではできんのやさかい、お前が**したらい**」

「手伝いに**行ったらい**」

しったらしい

【形】生意気だ。癪《しゃく》にさわる。「知ったらしい」顔をするの意か。

「**しったらしい**奴じゃや、いっぺんしばいたろか」

しつらこい

【形】しつこい。

「まだ文句言うてきよんのか、**しつらこい**奴や」

さ

ことばの諸相

［しったらしい］

得意気な輩《やから》に浴びせる言葉

「しったらしい」。中学に入りたての頃、こう言われるのを恐れていた。「しったらしい」とは、生意気な輩《やから》、得意然としている相手に浴びせられる悪意ある言葉として、子供の頃よく用いていた。簡単に言って、生意気だ、腹が立つ、の意。

私の母校は彦根南部の農村地帯の真ん中にあり、いま改めて数えてみても、七つの小学校を傘下《さんか》に収めたマンモス中学校だったのである。当然、入学したての子どもたちは、いたずらに自己の「個」を打ち出すことなくお互いの顔色をうかがい、相手の格付けを急ぐ。学校とは日本社会の縮図であるから、良きにつけ悪しきにつけ何らかの序列化が行われる場でもある。

「しったらしい」、それはギャングエイジを終え、青年期初期の自己形成に入ろうとする不安定な心理状態の少年たち、その他者認識の一つが…などとやりだす精神構造自体が、実は「知ったらしい」のである。

子供たちから見れば、大人は、たいてい、「しったらしい」顔をする存在なのである。

―しとかい

【連語】―しておきなさい。「―しておきなさる」の命令形の訛りか。

「しっかり準備**しとかい**ね」

―しな

【接尾】―する際。―する時。「しま」とも。「行き」「帰り」「往《い》に」などの後によく付く。

「帰り**しま**にコンビニに寄って、ラーメン買うてきてんか」

しまえる

【動】なくなる。

「(パチンコの玉が)もう、**しまえて**もた」

しもた

【連語】しまった。

「**しもた**ことした。連絡をまちがえてもたがな」

さ

じゅるい

【形】ぬかるんでいる。湿地である。

「あっこの田は元は内湖《ないこ》やさかい、**じゅるい**でえ」

しょうけ

【名】ざる。特に洗米を入れる笊《ざる》のこと。古くなった「しょうけ」で、よく「うろり」をすくったものだ。

じょうず

【副】つねに。いつも。「常時」の訛りか。「じょうず～」と陳述の副詞的な働きをする。

「**じょうず**、世話になってすまんなあ」

しょぼしょぼ

【副】勢いが急になくなるさま、淋しくしょげた状態を言う。「しょんぼり」。

「ちょっときついこと言われただけで、**しょぼしょぼ**となってまわる」

［しょうけ］

夏の陽光の下、「うろり」を捕った道具

竹で編んだ、例の「ざる」のことを近江では古来「しょうけ」と言った。特に、洗い米をいれるざる、もしくは、米洗い用のざるのことで、底の浅いものを指す。

全国的には「ざる」が一般的であるが、上方では「いかき」と言ったものである。「しょうけ」という呼称はマイナーな部類であるが、案外、九州によく見られる。しかし、「しょうけ」の指す「ざる」の種類は、地方によって異なる。

「しょうけ」の材質は、やがて、金属となり、今では風格のない合成樹脂のものが大きな顔をしているが、子供の頃、古くなった金属製の「しょうけ」を借用して魚とりをしたものである。と言って、目の細かいざるであるから、流水の抵抗力にかなうものではない。

「しょうけ」での魚とりに適した魚と言えば「うろり」ではなかったか。夏のじりじり照りつける陽光の下、川の浅瀬に仕組んだ「しょうけ」に侵入してくる「うろり」の、その数の多さに胸をワクワクさせたものである。

さ

橋の上で思い出話

昔はギギちゅう魚、おったなぁ
ああ、おった**くらい**。あいつは岩場の穴やら、暗いとこにおった
ウロリは、**しょうけ**を川の浅瀬につけといたら捕れたもんなぁ
ウロリいうたら、ゴリの子か
わしは、この橋の上から**ぼてじゃこ**もよお釣ったわ
釣り針にご飯粒ひとつ、つけてやろ？
ほおや。ウキみたい使わへん。食いつきよるのが見えたらあげるんや

―くらい ⇩ P.46
しょうけ ⇩ P.59
ぼてじゃこ ⇩ P.98

標準語訳

ああ、たくさんいたなあ

洗米用のザルを
川の浅瀬につけておくと
捕れたものなぁ

しょんぼけ

【名】小便桶。小便所。現在のいわゆる「あさがお」。昔使っていた桶風呂《おけぶろ》のすぐ横にあった。

しんだち

【名】新築の家屋。新立ち。「新宅」とも。「昭やんとこ**新立ち**やさかい、あっこで打ち上げしょ」

すい

【名】いわゆる「粋」。すい。いき。しゃれた。ほとんどの場合、「な」をつけて「すいな」のように形容動詞的に用いる。

「**すいな**服着てどこ行くんやいねえ」

すいっとする

【動】すっきりする。気分爽快《そうかい》である。「嫌な奴がおらんようになって、**すいっとした**」

すいばり

【名】とげ。そげ。「すいばら」とも。広島や山口、北九州など西日本でも用いるらしい。

さ

すきより

【名】同好の者のグループ。好き寄り。

すけない

【形】少ない。

「今日は外来が**すけない**で待たんでよかった」

すける

【動】負担を軽減する。少なくする。古語の「すく」から。

「わし、こんなに食べられん。少し**すけて**くれや」

すこい

【形】ずるい。悪がしこい。「すっこい」とも。「こすい」の「こ」と「す」が入れ替わったものか。

「自分だけ**すっこい**わあ、わいにもくれや」

せいだい

【副】せいぜい。精一杯。たくさん。「精出して」がなまって、副詞のようになったものか、あるいは「せいぜい」の訛りか。

「なんとなあ。会長になったてか。ほら、**せいだい**、がんばりない」

せたろう

【動】 背負う。「せたお（背撓）・せたら」から。

「あんなおぼたいもん、**せたろうて**歩いて行ったんやで」

せんど

【名】 目一杯。十分。疲労。いやになる。「千度（あきるほどたくさん）」の意か。広く関西で用いる「しんどい」（「心労・辛労」に由来すると言われている）とニュアンスがよく似ているが、「せんどい」とは言わない。挨拶でも用いる。

「ああえら、もう**せんど**した」

「**せんど**自慢話聞かされていやになった」

「**せんど**世話になって、おおきに」

「**おせんどさん**で」

異動した同僚

ほうや**がい**ね。知らんかったんかいなぁ
自分がやってきた成果や思たら、言い**たくりよる**で、あの人は
せんど自慢話聞かされていやになりましたわ
ほやろ
あ〜〜
嫌な奴がおらんようになって、**すいっとした**
ほうかぁ、わいは**さぶしない**けどなぁ

―がい ⇩ P.36
たくりよる ⇩ P.70
せんど ⇩ P.64
ほ ⇩ P.94
すいっとした ⇩ P.62
さぶしない ⇩ P.55

標準語訳

そうだよ
言いまくるよ、あの人は

あきるほど自慢話聞かされて
そうだろ

すっきりした

そうなのか、ぼくは
さびしいけどなぁ

ぞうさ

【名】面倒。大儀《たいぎ》。労力がいること。原義は「造作《ぞうさ》」。ほとんどの場合、「ぞうさな」と形容動詞の連体形のように用いる。

「毎日、ほんな遠いとこまで通うてやーるんか。ほら、**ぞうさ**ななあ」

そうれん

【名】葬殮《そうれん》、葬式、葬儀。私は長らく「葬礼」の訛りだと思い込んでいた。というのも、大阪弁では幽霊を「ゆうれん」とも言うではないか。落語で聞いたことがある。また、子供の頃、「巡査」のことを「じゅんさん、じゅんさん」と言っていたのを思い出す。大人も言っていたようだ。これは敬称の「さん」に引きずられてのことだろうが、懐かしい訛りである。

そこそうば

【副】そんなこと。それほど。それどころ。—ない、—あろかい、と打消で用いる。「そこそば」とつまって言う場合もある。この「そうば」はやはり「相場」で「そこそばあろかい」は「そう言われるほどの相場でもありませんよ」という意味であろうか。

朝の会話（湖北にて）

おはようさん
おはようございます
久美ちゃん、早いなあ
一時間**のよう**かかるんやで。あんな遠いとこ、かなん
毎日、ほんな遠いとこまで通ってやーるんか。ほら、**ぞうさ**やなあ
ほんまよ
電車の時間あるさかい、ほな
…て言うても、この辺の電車は座れるさかい、ええわ
満員電車とか**よぞい**やろなあ

—のよう ⇩ P.87
ぞうさ ⇩ P.66
よぞい ⇩ P.118

標準語訳

一時間以上かかるのよ

それは、面倒ねぇ

満員電車とか
ゾッとするなぁ

「おまんとこは、立派な家に住んではるし、息子さんはようきばらあるし、言うことないですがな」「**そこそうば**あろかいな」

「のんびり温泉に行くやなんて、こんだけ忙しかったら、**そこそば**やないなあ」

そやし

【接】話のつなぎによく用いる。「そうだから、それに」の意。「そうだし」の訛り。「せやし」とも聞こえる。大津市域などでよく耳にする。増井金典編『滋賀県方言語彙《ごい》・用例辞典』（サンライズ出版）では「そやし」の項に「草津」とあるが、なるほど県南部でよく見受けられる言葉なのだ。昭和二十七年（一九五二）の『滋賀縣方言の調査㈠』においては、信楽《しがらき》で老若男女「ソーヤシ」と言うと取り上げ、膳所《ぜぜ》・草津・彦根などの女学生が、余情を含む意で「ソーヤシ」を使うとしている。古くは「そやさけに」が、旧甲賀郡と旧志賀町で採取されている。

「**そやし**、人の言うことはよう聞かなあかん」

た

―たーる

【助動】―してある。接続助詞「て」に「ある」（古語「あり」に由来する）がついたもの。「て」に「おる」（古語「をり」に由来する）がついた場合は「とーる」とはあまり言わず、普通「とる」と言う。

「しっかり見いな。説明書にちゃんと**書いたーる**やろが」

「おまんのパソコン、二〇〇〇年対策**したーるか**」

「もう**寝とるんかいな**」

たい

【動】ください。ちょうだい。「（与えて）下さい」の意味の動詞である。もと武家言葉で「賜《た》べ（たべ）」からだということである。古語の「賜ぶ」の命令形「たべ」が「たえ」となり、「たい」とも言うようになったもの。「ああ、のぞ（喉）かわいた、お茶たい」「ほ（そ）れ、ええなあ、わい（自称）にもたい、なあ、たいなあ」と口にしていたものである。『日本方言大辞典』（小学館）には日本各地で用例が拾われているが、彦根では補助動詞の用例はない。藤谷一海編『滋賀県方言調査』、太田榮太郎編『滋賀縣方言集』ともに犬上・愛知郡と彦根市から収録しているが、増井金典・増井典夫編『滋賀県南東部方言・用例辞典』には採録がない。やはりこの語は旧藩領と一致する。昔、この地の老人達は「たも・たもれ（賜れ）」も使用したと記録にあるが、すでに死語である。同様に「たい」もまた絶滅の危機にある。

「うまそうやな、わしにも一つ**たい**」

だかまえる

【動】抱きかかえる。抱き、つかまえる、ニュアンス。

「あの時、敬ちゃん酔うてはったさかい、**だかまえて**止めたった」

—たくる

【動】補助動詞の働きをし、—しまくる、盛んに—する、という意味を持つ。広辞苑によれば、浄瑠璃《じょうるり》脚本『宵庚申《よいごうしん》』のなかに「無理に頼む、せがむ」という意味の用例があるそうなので、庶民の口語として、かなり広く用いられてきたのであろう。

「自分がやってきた成果や思たら、言い**たくりよる**で、あの人は」

たごけ

【名】いわゆる「こえたご（肥担桶）」、「たご」とも。地球にやさしいリサイクルであった。

だしかいね

【連語】遠慮しなさんな。さしつかえない。「だしかえね」とも。湖北中部でよく使われるとの指摘を受けた。「大事か（たいしたことはない）」が語源と思われる。

「まあ、一服《いっぷく》しとくんなはれ」「いや、もう、いなしてもらうさかい」「**だしかえね**」

だだけに

【副】たくさん。とめどなく。

「お前のアタマ、**だだけに**漏《も》れとるなあ」

―たら

【助】―とか。―とやら。「とやら」の転。

「どう**たら**こう**たら**言う」

だわ

【名】横着《おうちゃく》なこと。できるだけ楽をしてすまそうとすること（するさま）。長浜市木之本町出身の方に聞いた。

「（横着な動作をした者に対して）あんた、**だわ**やなあ」

だんない

【形】たいしたことはない。気にせずともよい。「大事ない」からの転。よく似た意味を表す言葉に「どあろい」（どうあろうか）がある。

「何、失敗したてか。ああ、**だんない**、**だんない**。わしに任しとけ」

ちそ

【名】「紫蘇《しそ》」のこと。

―ちゅわる

【連語】―とおっしゃる。―と言われる。「―て言わある」がつづまったもの。過去形は「ちゅわった」。

「頼んでも、あかん**ちゅわった**で、しゃあないわ」

ことばの諸相

[だんない]

懐の深い人に口にしてほしい

た

父が生前、「あいつは『だんない』を『なんだい』と言いよる」と、竹馬の友の語音転換《スプーナリズム》を食卓の話題にしたことがあった。

「だんない」は「大したことはない、気にせずともよい」の意。「大事ない」の訛りである。播州《ばんしゅう》（兵庫県南西部）方面で、「別状ない」を「べっちょない」と言うのと同じである。いわばケセラセラ。しかし、「だんない」にしみついたニュアンスとしては、無責任・放ったらかしの意味合いはあまりない。

どちらかと言えば、村の長老格、年輩の有識者といったところが、未熟者の過失や早計《そうけい》に対して「まあ、気にするな。わしに任せておけ」という腹でもって口にするのが、ぴったりのようである。懐《ふところ》の深い人に口にしてほしい言葉である。身に多大の迷惑を受けた場合にも鷹揚《おうよう》に「だんない」と言える人がどれほどいることか。子の父しかり、管理職しかり、一国の宰相《さいしょう》しかり、である。

これだけ言うと「だんない」をほめすぎか。はたまた、「少々の意味の違いはだんない、だんない」と「だんない」は言うか。

孫かわいさに

こら太郎、
降りなさい
だんない、
だんない
じいちゃん、立って
やめとき、
お父さん。
あかんて
どあろい
マサやん、
腰痛めて、
寝てるてか？
ほら、**うい**こっちゃなあ
あっ、これ
回覧板
ほな、お父さん。病院行く
はかい、うちの人に
ぼしてもらい
おおさわな
ことに
なってもて、
すまんなあ
車まででですから
大丈夫ですて

だんない ⇩ P.72
どあろい ⇩ P.79
うい ⇩ P.20
ぼして ⇩ P.97
おおさわ ⇩ P.28

標準語訳

大丈夫、
気にするな

全然平気さ

それは、気の毒にねぇ

おぶってもらって
おおごとになってしまって、
すまないねぇ

―つぁん

【接尾】日野町小野《この》に鬼室《きしつ》神社という社《やしろ》がある。古代朝鮮の百済《くだら》国が滅亡した時、当時同盟関係にあった近江朝廷に亡命し、今で言う文部科学大臣に任命された鬼室集斯《しゅうし》という人物をお祀りしてある。地元の人はここを「きしっつぁん」と親しみを込めて呼ぶと聞く。いい話だ。「つぁん」は敬称で末尾が「つ・ち」の場合。庄一なら「庄いっつぁん」というふうに。ま、全国に分布する言い方だが。敬称の「さま」は身近な存在になるに従って「さん」「はん」、果ては「やん」となるようだ。神様は「神さん」までで「神はん」とは言わない。ちょっと古いが「おはなはん」より「おてもやん」の方がずっと気楽な存在だ。「庄やん」「辰やん」などと言い合えるのが気の置けない間柄。

つし

【名】「厨子二階《つしにかい》」のこと。農家では屋根裏の物置き場。竹の簀《す》の子が張ってあった。農具や藁を置いたものだ。

[つるんぼし]

家で加工したひと冬の間のおやつ

「干し柿・つるし柿」の呼称は、彦根以南では「つるんぼし」であるが、醒井《さめがい》（米原市）辺りでは「あまんぼ」となり、長浜市北部（旧伊香《いか》郡）では「つりんぼ」と言うのが一般的であるらしい。いずれも、その物の様と味わいを彷彿《ほうふつ》とさせる、優れた呼称である。

晩秋、稲の収穫を終える頃、遠くの村に「てご」いっぱいの渋柿を、リヤカーで買い出しに行くのに付き合わされたものだ。ひと冬の間のおやつになると思えば、むげにいやとも言えない。

リヤカーの先引き、後押しは少しカッコ悪い気がしたが、農村の少年にとっては半ば当然のことであった。家に帰ればひたすら皮むきの後、晴れて天日《てんぴ》に干されることになる。

甘味の出た頃を見計らって食するわけであるが、個人的な好みを言えば、私は、黒く縮れて固くなった、巨大なレーズンのようなヤツはあまり好まず、まだ黄土色の、指で押せばブヨブヨのヤツ、あの果汁というか、果肉の溶けた感触を好んだことを覚えている。

つるんぼし

【名】干し柿。つるし柿。「つりんぼ」「あまんぼ」「あまぼし」など、地域によって言い方がいろいろ異なる。ただし『滋賀縣方言集』（昭和七年刊）には、「あまぼし」（「あまんぼ」も、か）は「烏柿《からす》。柿の樹上に熟せしむるもの」とある。旧坂田郡、東浅井郡、滋賀郡で。

「もう、**つるんぼし**する時期やなあ」

つれ

【名】友人。同級生。

「わいとあいつは南中からの**つれ**やがなあ」

つんばり

【名】特に家の戸を閉ざすための、つっかい棒。「ふんばり」が「踏み張り」であるように、「突き張り」からなまったものか。

てご

【名】藁《わら》で編んだ大きな物入れ。「てんご」とも。籾《もみ》や米を入れた。

てこにおえん

【連語】手に余る。どうにもならない。

「この機械、おぼたいさかい、かいていごかそ思ても、**てこにおえん**」

てしょ

【名】「手塩皿」の訛り。「おてしょ」とも。滋賀県に限らないが。

てべん

【名】点。「てべ」とも。

「ほこの**てべん**を押さな、立ち上がらんわな」

―てもた

【連語】「―してしまった」の訛り。

「いらんこと言う**てもた**」

てんこち

【名】テン（イタチ科の哺乳類）。イタチの場合もそう言っていたかも知れない。どうも見分けがつかない。

「**てんこち**が車にひかれとった」

どあろい

【連語】どうもない。大したことではない。「どうあろうかい」の縮約形。前出の「だんない」よりも、威勢がよく語調がきつい。

「あの人、ほんなこと言うたら怒らられへんやろか」「**どあろい**、わいら、何にも悪いことしてへん」

といれる

【動】仕舞う。中に入れて片づける。「取り入れる」の訛り。農事の片付けなどによく用いていた。

「雨降ってきたさかい、洗濯もん、**といれて**こ」「籾、**といれて**来て」

—とこ

【助】「—（し）ておこう」のつづまった形。

「ああえら、もうやめ**とこ**」「あんなとこ、もうはい行かん**とこ**」

た

どしょしらん

【連語】どうしていいかわからない。どうしたらよかろうか。「どうしようか知らぬ」の詰まった形。

「この年で、ややこをいっぺんに二人も面倒みなあかんようになってもたら、**どしょしらん**思てるにゃ」

とちめふる

【動】おろおろする。目を回す。あわてる。長浜市木之本町小山《こやま》の方は、「とちめんぼする」と言うと言っていた。「とちめく（あわてるの意）」からとか、「栃麺《とちめん》（トチの実の粉を米粉もしくは麦粉と混ぜて、そばのような麺にした食品）」を作る時のことからとか、辞典にあった。

「あっちもこっちも仕事があるさかい、**とちめふるわ**」

どろず

【名】泥酢。酢味噌。フナやコイの、「子」をまぶした「つくり」を食する際に欠かせない。

―なーし

【感】―ですね。―でね、という意味あい。「あのなーし」「ほや（そうや）なーし」「あれではあかんなーし」のように言う。旧彦根藩を中心として用いていた言葉らしい。現在では高齢の女性もまず使わなくなってしまったか。これは、呼びかけの「なあ（のう）、もし（申し）」ではないか。「なもし」が「なーし」に変わっていったのであろう。名古屋弁にもあると聞いたが、いかにも武家や商家の口吻《こうふん》が感じられる。同じ「なもし」は、伊予《いよ》弁（愛媛県）、夏目漱石の「坊っちゃん」でもつとに有名。この伝でいくと、湖国の「ほやなーし、あれではあかんなーし」は、伊予では「そうぞなもし、あれではらちかんぞなもし」となるか。

ない

【感】返答の「はい」。彦根地方に見られた応答の言い方、と何かの文献にあった。昭和初頭の太田榮太郎編『滋賀縣方言集』には、採録地に「大津西」とある。ともあれ、筆者は一度も耳にしたことがなかった。ところが、である。伊香《いか》郡木之本町（現長浜市）在のうら若き女性と面談した際、彼女が「ない、ない」と返事したことがあって、正直驚いた。耳を疑うというのはこういうことであろう。局地的に残存していたのであろうか。あの時、問いただしておけばよかったと後悔している。二十年近く前のことである。

—ない

【助】—（し）なさい。動詞「なさる」の命令の言い方「なさい」が「なはい」となり「は」が消滅したものか。

「あした試験やてか、ほら、がんばり**ない**」

—ないな

【助】—するな。連用形接続。前項の「ない」に禁止の意の終助詞「な」がついたものか。

「ほんなとこで寝**ないな**」
「廊下をばたばた走り**ないな**」

ながたん

【名】包丁。野菜を切る菜刀《ながたな》が語源。同じ台所用品（設備）の「おくどさん」は、その物自体がなくなったせいで「失われゆく言葉」。

―なけな

【連語】―なければ。―でなくては。条件節をつくる語。
「ほうで**なけな**、あかんな、やっぱり」

なぶる

【動】「手を触れる・さわる」意の他に、「扱う・関与する・手をつけて元の状態を改変する」意で、よく用いる。

「このファイル、誰か**なぶった**やろ。中身が変わってもたるがな」

なまずけない

【形】横着《おうちゃく》だ。手抜きでいいかげんだ。なまけ者に対して言う。

「なに、顔も洗わんと、出て来たてか。ほんな**なまずけない**ことでどうするんやいな」

―なり

【接尾】―したまま。「―するやいなや」の意味より「そのまま」の意に用いる場合が多いのではないか。
「ああ、そうか、あの紙は杉やんが持った**なり**やなあ。ほんで、ここにはないんや」

―なんだ

【連語】―なかった。

「恐いんやったら、**見なんだら**ええのに」

なんば

【名】一般に湖東では「南蛮《なんばん》きび」の意でトウモロコシのことを意味し、湖北では「南蛮からし」の意でトウガラシを意味するが、現在はもっぱらシシトウのこととして用いられているらしい。トウモロコシのことを、湖北では「こうらい」とも言うと聞いた。なお、この言葉に限らず、「メダカ」「彼岸花《ひがんばな》」「ナメクジ」などをどう言うかを足で調べた『滋賀県湖東方言地図』（彦根東高方言研究クラブ、一九七四〜一九七七、熊谷直孝監修）の、綿密なフィールドワークがあることをここに記す。

にごはち

【名】ほどほどの心得、悪く言えば、いい加減・不徹底の意。「二五は十」で算用は合うが、二五は八。私はこの言葉自体を耳にしたことはないが、湖東地域の言葉という。増井金典氏の辞典によれば、旧東浅井郡から旧信楽町まで分布する。

祭りの縁日にて（湖東の彼と湖北の彼女）

昼間の部活で、まだ**えらい**か？
えらいくらい。どんだけ走ったやろ
なんば…？
あっ、俺、**なんば**焼いたの食べよ
とうもろこしやん。方言は、**こうらい**とちゃうん？
一本ください
うっとこでは、なんば言うたらししとうのことやで……いうのは、どうでもよさそうやな
服、汚さんようにな
食べ**もって**、歩いてもええ？

えらい ⇩ P.25
—くらい ⇩ P.46
なんば ⇩ P.84
こうらい ⇩ P.49
—もって ⇩ P.105

標準語訳

まだ疲れてる？
当然疲れてるよ。

ししとう…？
とうもろこし焼いたの食べよう。

食べながら歩いてもいい？

にすい

【形】鈍い。のろい。

「にすい奴の相手してるといらいらする」

—にゃろ

【接尾】—のだろう。「—のやろう」がつづまって、「—にゃろ」と拗音化《ようおん》したもの。ただし「この野郎」を「こんにゃろ」などとは言わない。

「もう、中に入ってもええにゃろ」

ぬくとい

【形】暖かい。「のくとい」とも。「温《あたた》める」も「ぬくとめる」「のくとめる」と言う。

「冬やのにえらいぬくといなあ」

「ほの鍋のもんぬくとめて食べとき」

ね

【名】家。宅。通常、名前の後につけて「誰それ宅」と言う場合に用いる。

「清やんねの犬は、よう吠《ほ》えよる」

ねき

【名】側（そば）。隣。

「おまんとこの**ねき**に、店ができるんやてなあ」

ねぐさい

【形】米飯などが腐った、すえた匂いを言う。

ねつい

【形】熱が入っている。強烈だ。常軌を逸してしつこい。

「あの人の練習方針は、ほら、**ねつい**もんやでえ。たいがいのもんは参ってしまうがな」

—のよう

【助】以上。—よりたくさん。時間や値段など、ある数値を示す単位に続けて用いる。

「あんな遠いとこ、かなん。一時間**のよう**かかる」

「ハンカチ一枚やのに、千円**のよう**した」

な

はい

【副】早くも。すでに。「はや（早）」からの転か。後出の「もうはい」とほぼ同じ。

「お父さん、はよしい、はよしい。**はい**、誘いにきゃあったで」

はしかい

【形】かゆい。稲の収穫時に、背中や手足が稲穂《いなほ》や藁《わら》でちくちくする状態を言う。

「稲こきしたら、背中が**はしかい**」

はしこい

【形】ずるい。特に動作をともなう場合は「すばしっこい」。

「あの男はああ見えてもあれでなかなか、**はしこい**んやで」

ばっぱ

【名】「餅《もち》」のことをこう言うと長浜市曽根町（旧びわ町）の方の言。幼児語。

はばんとする

【動】失望する。落胆して萎《な》える。

「あんな報告聞いたら、**はばんとして**まうわ」

はやて

【名】夕立ち。急な強い雨風。一般的には「急に激しく吹く風」であり、かの月光仮面も「疾風《はやて》のように現れて」であるが、滋賀では横殴りの「雨」も含む。『近江名所図会《ずえ》』（江戸末期刊行）にも俚諺《りげん》として「雨を催す風」とあった。夕立に遭《あ》うと、今でも思わず口をついて出てくる言葉。

はんちゃらけ

【名】中途半端《ちゅうとはんぱ》。いいかげんで雑なこと。

「後で直そ思ても、はじめのうちに**はんちゃらけ**にしとくと、ほれがもうあかんのよね」

ばんとこ

【名】夜間、布団に入れる炬燵《こたつ》。「ばんどこ」とも。「晩床」の意か。これなど北滋賀の風土にふさわしい名詞であろう。

[ばんとこ]

冬、布でくるみ寝床の中へ

冬期、ふとんの中に入れる炬燵《こたつ》を言う。そのモノは懐かしく思い出すが、私が日常的に口にしていた言葉ではない。

しかし、湖北の人はよく耳にしていたと言う。私が小学生くらいの頃から、わが家では「豆炭《まめたん》あんか」に変わっており、そのようには呼んでいなかったが、かつて彦根でもそう呼んでいたらしい。

「ばんとこ」とは「晩床」のこと。ふたのついた小型の火鉢《ひばち》を想像してもらえればよい。その中に真っ赤な炭を入れ灰をかぶせ、しっかり布でくるみ、寝床《ねどこ》の中に入れておく。初冬のみぞれの頃から春の淡雪の頃まで、主婦の夜の床の準備には、この手間がかかることになる。

翌朝になると、「ばんとこ」の灰にしても、豆炭あんかの灰にしても、練炭《れんたん》火鉢の灰にしても、多くの家庭で、庭や畑に降り積もった雪の上にまくように捨てていたのではなかったか。雪を早く溶かすためでもあったのだろうか、そんな記憶がある。

ひっさる

【動】ひきさがる。さがる。「ひきさがる」の促音便形《そくおんびん》。

「あぶないさかい、もうちょっと後ろへ**ひっさり**」

ひんなか

【名】一日中。「日中」「昼中」の訛り。

「きんのは、**ひんなか**パソコンに向こて家に居てたわいな」

ふう

【名】姿。服装。なり。

「ええ**ふう**して、どこへ行くにゃいな」

ぶえんしゃ

【名】富豪。金持ち。長者。財産家を意味する「分限《ぶげん》者《しゃ》」の訛り。

「ええなあ、おまんとこは**ぶえんしゃ**で」

ふたぐ

【動】ふさぐ。古語。「目をふたぐ・耳をふたぐ」など、用例は限られる。

ある日の山田さん

きんのは、ひんなかパソコンに向こて家にいてたわいな
このフォルダ、誰かなぶったやろ中身が変わってもたるがな
お前のアタマ、だだけに漏れとるなあ
あかんあかんしっかり見いな。説明書にちゃんと書いたーるやろが
高野ちゃん、ちょっとこれ拡大コピーでいこうしてくれん？
あれ、山田さんは？
ぽいとこせといなった。なんや急いでやあったで

きんの ⇩ P.41
ひんなか ⇩ P.91
なぶった ⇩ P.83
だだけに ⇩ P.71
—たーる ⇩ P.69
いこう ⇩ P.14
ぽいとこせ ⇩ P.94

標準語訳

昨日は一日中

このフォルダ、
誰かさわっただろ

際限なく、漏れてるね
書いてあるだろうが
大きくしてくれないか？

後片づけもそこそこに
帰られたよ。

「眠とうなったら、自然と目が**ふたげ**てくる」

ふてる

【動】捨てる。廃棄《はいき》する。日常的に用いる。

「この書類は大事やさかい、**ふてん**と残しといてや」

へそこ

【名】形状の悪い物。失敗品。もとは果物の形がゆがんでいるものをこう言ったらしい。

べら

【名】側（がわ）。「あっち・こっち・向こう」などの言葉に付けて用いる。「べた・へら」とも。「へり（縁）」からか。

「うまいこと入らん思たらこっち**べた**が引っかかったあるんやがな」

へんねし

【名】嫉妬《しっと》。「へんね」「へんちね」とも。

「そらあ、**へんねし**やがな。**へんねし**でほんなこと言わるんや」

ほ

【代】中称の指示代名詞で、現代標準語の「そ」に相当し、「それ」「そう」の意。数々の連語をなし、用例が多い。下表に標準語との対応を示す。

ぽいとこせ

【副】何かを「ぽい」と捨てる。放ったらかしにしたままで、急に。後始末・挨拶《あいさつ》もそこそこにいきなり。「なんや、急いでやあったで。**ぽいとこせ**と往《い》なった」

ほかす

【動】捨てる。廃棄《はいき》する。ある古語辞典には、「上方語《かみがた》」とあった。「まだ使えるで、**ほかさん**といて」

ぼこい

【形】うぶだ。にぶい。だましやすい。「おぼこい」のこと。

滋賀方言	標準語
ほれ	それ
ほこ	そこ
ほちら	そちら
ほっち	そっち
ほの	その
ほう	そう
ほや ほうや	そうだ
ほして ほいで	そして
ほれから	それから
ほれで ほんで	それで
ほしたら ほいたら ほったら	そうしたら
ほやけど ほやけんど	そうだけれども
ほんな	そんな
ほやて	そうだって

ことばの諸相

[ほやけんど]

遠慮がちに柔らかく、それでも自己主張する滋賀県人

大阪の「―さかい」や京都の「―どすえ」のように、その地方を特徴づける言葉遣いというものがある。全国に広げてみると、九州の「ばってん」、瀬戸内の「じゃけん」、中京の「―してみえる」、東京の「―しちゃった」等々。

滋賀の言葉は、いわゆる関西弁、ほとんど京都・大阪と同じであるが、それでも、尊敬・親愛の意の「る・やーる・んす・やんす」、あるいは中称の指示代名詞の「ほ」といった言葉は比較的滋賀らしい言葉ではないか。

最初にあげた地方の言葉に対応させてみると、次のようになろうか。

	各地方の言い方	滋賀方言への言い換え
九州	「ばってん、それでよか」	「ほやけんど、ほれでええやろ」
瀬戸内	「ほうじゃけん、わしが言うとったろうが」	「ほやさかい、わいが言うてたやんけ」
中京	「もう来てみえるがね。はよう渡してちょうでゃあ」	「もう来てやるがな。はよ渡してくだいね」
東京	「玉がなくなっちゃった」	「玉がしまえてもた」

パソコン個人教室

なんや、サダやん パソコン買《こ》うたは ええけど、使えんてか？
ほおなんや、教えてえな
ええで、**なんなと**聞いてや
ほしたら、まず ほこの **てべん**を おさえて やな
電源スイッチ やろ
ほれぐらい 知ってるがな
ほしたら、新規の フォルダを**こさえて**みよ。 こっからこうして……
いま、何した？
一時間後
ほんで、もういらんて なったら、ほのフォルダを つかんで……
ゴミ箱に **ぽいとこせ**と **ふてる**。 わかったか？

なんなと ⇩ P.19
てべん ⇩ P.78
こさえて ⇩ P.51
ぽいとこせ ⇩ P.94
ふてる ⇩ P.93

標準語訳

いいよ、なんなりと聞いてくれ

そこの小さなボタンを、押してだね

じゃあ、新規の フォルダを作成してみよう。

ポイッと 捨てる。

ぼす

【動】おんぶする。おぶる。

「**ぼこい**奴っちゃ、すぐ信じよる」
「えらかったら、**ぼして**もらい」

ぼちっと

【副】ぼちぼち。そろそろ。

「おい、どや、**ぼちっと**行こかい」

ほっこり

【副】行動を終えた後の疲労感や安堵《あんど》感を表す言葉。湖北では「心身ともに疲れきった」「うんざりした」「ほとほと嫌になる」状態を言う場合が多い。疲労で体がほてる状態が原義か。京都や大津で聞く「ほっこり」の多くは、「ほっとする」意に比重がかかっているのではないか。京阪電鉄浜大津駅構内の「暮らしっく広場」では「ほっこり」と呼ばれる地域通貨が使われているし、近江八幡国民休暇村も宣伝文句の一つに「ほっこり」を採り入れている。彦根の夢京橋キャッスルロードにも「ほっこ

は

りや」なる飲食店がある。癒《いや》しの「ほっこり」台頭の観。

「女の子はええなあ。孫三人男ばっかで、もう**ほっこり**やわ」

「あの人のしつこさには**ほっこり**したわいな。
しゃべり出したら止まらんし、もうかなん」

ぼてじゃこ

【名】一九七一年に大ヒットした、大津市出身の小説家・脚本家、花登筺《はなとこばこ》のテレビドラマ「ぼてじゃこ物語」でつとに有名。最近はまず見かけない魚。魚類図鑑を見て言うのだが、コイ科に属するバラタナゴではなかったか。腹の部分がうっすらと淡い青とピンクに彩られ、妙な色合いがあった。「ぼて」という形容がぴったりで、子どもの稚拙《ちせつ》なご飯粒一つの釣り針にいつでも引っかかってくれた。本当に雑魚《ざこ》である。そしてまた、何とも言えぬ愛嬌《あいきょう》があった。湖岸や河川の改修、水路のコンクリート化にともない、「小川」もなくなり、以来、ぼてじゃこもギギもイモリもハリンタ（ハリヨ）も、人様の前から姿を消し、「死語」何十年になる。

ことばの諸相

［ほっこり］

心身ともに疲れきってうんざり

伊香《いか》郡木之本町（現長浜市）の職場に通い出した頃、面食らった言葉である（ただし、彦根でも使われる地域はあるらしい）。

この地では、心身ともに疲れきってうんざりした状態に用いる。理不尽な相手に一部始終対応したり、予期せぬ事態に振り回されたり。「ほっこり」は、「にっこり」が「にこにこ」と対応するように、温かなさまを言う「ほこほこ」とゆかりがあろう。手もとの『広辞苑』を見ても、まず「あたたかなさま」とあり、次いで上方《かみがた》方言として「ふかし芋」、そして「もてあまして疲れたさま」とある。疲れて熱を出すとまではいかないが、身体がほてる様子がうかがえる。

在所に嫁いできたばかりの若嫁さんが、しきたりもよくわからぬまま、村のつきあいに翻弄《ほんろう》された夜、焚《た》いてももらえぬしまい湯の中で、「ああ、今日はほっこりやわ」とつぶやき、湯手《ゆうて》を顔に当てるのが、三昔も四昔も前の湖北であったろうか。

ほっこり違い

ほっこり
近年、一般化しつつある「いやされる」「落ち着く」を表す
滋賀県北部の方言の場合は、かなり意味が違うようで…
××××××××
どういうわけ?!
××××××××
×××××××!!
…………
…………
××××××
これでは困るよ!!
××××××××
××××××××
やりなおしなさい!!
帰宅後
今日は、もうほっこりやわ
お風呂に入る気力もあらへん

ほっこり ⇩ P.97

標準語訳

今日は、もう心身ともにくたくたです。

ほどらいこ

【名】ほどほど。いい加減。「ほどらい」とも。長浜市（旧びわ町）の方から指摘を受けた。古語の「ほどらひ」（ほどあい・程度）が残存しているのであろう。

「もう、**ほどらい**にしとこまいけ」

ぼろくち

【名】極めてもうかる商売、やり口。

「おっ、きばってるなあ。おまはんの**ぼろくち**やもんなあ」

「ほんなことありましょかいな」

ほん

【副】真に。本当に。すぐ。そのまま。

「あの店の客あしらいも、**ほん**ええことはないけど、前に比べたらだいぶましになったなあ」

「常やんねは、おまんとこの**ほん**横やろ」

―ほん

【助】終助詞で話者の強い意向や断定を示す。「―よ」に相当する。「行ってこほん」「言うたろほん」「ええほん」「あかんほん」など。「行ってくるよ」「言ってあげるよ」「いいよ」「だめだよ」の「よ」に相当する強意のはたらきである。この「ほん」の使用地も旧彦根藩の領地と一致し、しかもこの語は男女を問わず多くの人が口にし、絶滅の危機に瀕しながらも根強く生き延びている。

「ええ**ほん**、ええ**ほん**、あかんちゅわったかて、かまへん**ほん**」

ぼんのくそ

【名】運。「盆の窪《くぼ》」(「うなじ」の窪み)の訛りで、「ぼん」という語には、運命や分《ぶ》という意味がこもっているらしい。

「おまんは、**ぼんのくそ**がええさかい、行事となると晴れやな」

―まい

【助】勧誘の意で、「―しよう」の意。名古屋方言の影響か。前出の松本氏はこの語も「京の古語の残存か」と指摘された。

「おい、今度、いっぺん言うてみよ**まい**」「はよ、行こ**まい**」

まぜる

【動】仲間に入れるという意がある。

「あいつも**まぜ**たったらどうやい」

まっかいけ

【名】真っ赤。まっかっか。「真っ白け」「真っ黒け」

については、その通りに言う。

「スイカ食べたやろ。口の回りが**まっかいけ**やがな」

みとみない

【形】「みっともない」の訛り。

「**みとみない**かっこうしいなや」

めえぼ

【名】物もらい。目のいぼで「めいぼ」。

めつぼにとる

【動】特定の者に目をつけて責めること。集中攻撃。

ターゲットにする。

［めえぼ］

藁しべと呪文で治療

目のいぼで「めいぼ」であろうが、「めえぼ」となまっていた。いわゆる「物もらい、目ばちこ」のことである。

この「めえぼ」については、子供の頃、母に不思議な治療をしてもらった記憶がある。めえぼができると、おくどさんの前に座らされ、というのは、そこに藁《わら》しべがあったからだが、その藁しべを一本、いわくありげに丸くくくり、「めえぼめえぼ…」なんとやらと呪文を唱え、確か目の前で火を付けたかと思う。すると不思議に治ったものだ。

考えてみれば、物もらいなどという腫《は》れ物は一過性のもので、二、三日もすれば跡形もなくなるものだ。そのような「とき」のなさしめる治癒であろうが、それにしても、こういうシャーマニズムは馬鹿にしたものではないと、つくづく思う。

大げさに言うが、シャーマニズムで国を治めていた時代と、官僚が国を治めている時代と、果たして、どちらが人間的か。

「なんでうっとこだけが、**めっぽにとられ**なあきませんのや」

もうすってん

【連語】もう少しのところで。あわや。「もう、すんで（のところで）」の訛り。

「締切が十時やいうの、見落としててなあ。**もうすってん**やった」

もうはい

【副】早くも。すでに。もはや。

「七時からやのに、**もうはい**来てやる」

「もう二度と—（しない）」の意で用いる場合もある。

「あんなこと、**もうはい**せんぞ」

—もって

【助】—しながら。二つの動作・行動を同時進行するさま。

和歌山県が交通標語や食材キャンペーンなどで用いている「つれもて（連れもて）」と根は同じか。逆接の意を持つ場合もある。

「食べ**もって**、見ようなあ」

ま

「自分がほんなことし**もって**文句言うてやるでしゃあないわあ」

もてねん

【連語】持って帰れない。「持って往《い》ねん」の訛り。

「ほんなぎょうさん、**もてねん**やろ。
後で宅配便で送ったろ」

もらう

【動】子が生まれる、赤ちゃんが誕生するの意でも用いる。彦根市鳥居本《とりいもと》では、大雪の場合「ぎょうさん雪もろたわ」などという用例があると聞いた。発話者の個性もあろうが、天からの授かりものという点に変わりなく、示唆《しさ》深い言い方である。

「リエちゃんが今度女の子**もらわった**さかい、
何かお祝いせなあかんなあ」

もんる

【動】帰る。戻る。「もどる」の撥音便《はつおんびん》化。

「東京からおじさんが**もんらった**で、今晩は肉や」

ことばの諸相

[やーれん] と [やんせん]

ともに敬意を込めて人の不在を言う言葉

おもに湖北では、人の動作・行為を敬意を込めて表現する場合、「（あ）る・ーる・やーる」や「んす・やんす」といった助動詞を用いる。

これらは、中古の「る・らる」や近世の「ある・しゃる・しゃんす」等に由来するのではないかと思われる。五段活用動詞の未然形には「（あ）る・んす」が接続し、それ以外の動詞の未然形と接続助詞「て」には「やーる・やんす」が付く。「飲まある・食べやーる・泣かんす・しやんす」等々。

さて、「やーれん」は「居やれぬ」が元の形、「やんせん」は「居やんせぬ」であり、共に人の不在を言う言葉。敬意を抜けば「おらん」となる。

「やーれん」と言われれば「そーらん」と茶々を入れたくなるほど、あの文句にそっくりである。「やんせん」は、アクセントで言えば、「単線」のように聞こえ、決して「丹前《たんぜん》」のようには響かない。

やーれん

【連語】おられない。不在である。「居やれぬ」（「やる」の項参照）が「いやーれん」となり、「やーれん」となったもの。不在を伝える会話の相手も年長者の場合は、「やーりません」となる。

「ついこないだまでやあったんやけどなあ。今は**やーれんわ**」

―やい

【助】―しなさい。軽い敬意のこもった、命令・督促《とくそく》の意味あいで用いられる。上一段、下一段、カ変、サ変の連用形に接続する。「い」の項で少し触れたが尊敬の意味の「やしゃる」の命令の言い方「やしゃい」から変化したものか。

「寒いさかい、はよう服着**やい**」

「落ち着いて、うまいことし**やい**ねえ」

やぐさい

【形】何か物が燃えている匂いがしたり、そんな気配がする場合に言う。きなくさい。

「おい、なんや、**やぐそう**ないけ。どっか家燃えたらへんけ」

標準語訳

隣のクラスのあの子に
松田さん
山本くん
なに？
加藤先生？
やーれんわ、いま
久美ちゃん？
やんせんなあ
シンノスケ？
おらんよ
ほれ、うちの飼《こ》うてる犬やん！

やーれん⇩P.108
おられないわ、いま

やんせん⇩P.114
いないなぁ

おらん⇩P.107
いないわよ

や

年長者用の別の表現

音楽室に
吉田先生
やーるかー？
やーりませーん
ユウジ、おるかて？
よーらんなあ

同級生用（男子）

やーりません ⇩P.108

よーらん ⇩P.119

標準語訳

おられませーん

いないなぁ

―やす

【助】―しなさい。連用形接続。尊敬の意を込めた指示、挨拶。京言葉と同じ。

労働にいそしむ人に対して……「おきばり**やす**」

仕事を終えて別れる時……「おやすみ**やす**」

川で洗い物をする人に対して……「お洗い**やす**」

夕刻農作業などの片づけをしている人に対して……「お仕舞い**やす**」

―やる（やーる）

【助動】―しておられる。連用形、もしくは接続助詞「て」に接続し、動作の主への敬意や親しみを表す（同じく尊敬の意の「（あ）る」「んす」「やんす」を参照のこと）。『日本国語大辞典』によれば、「ある」の変化した語という。（例えば、食べ・ある→食べ・やる）。「やる」は、「やーる」とも言う。過去形は「やった」「やあった」。

「もうじき**来やる**」

「ええもん食べて**やーるなあ**」

[やす]と[やんす]

あいさつ言葉にも用いる尊敬の意の助動詞

いとけない子どもの頃、地蔵盆になると「おろうそくいっちょうおあげやあす」と唱和していたものだ。「やす」は敬意と親愛の情のこもった指示や挨拶の京言葉であるが、その影響が湖国に及んでいる。「やんす」は尊敬の意の助動詞。湖北、そして古き湖東では、この二つは厳然と区別されていた。

「やんす」は動詞のうえに「お」を付けないし、五段活用動詞には付かず「んす」が代行する。次の用例を参考にその辺りを汲み取られたい。「お食べやす・お書きやす」「食べやんす・書かんす」

「みや」びな「やす」は、今でも滋賀の挨拶言葉として、「ひな」びた味わいを醸《かも》し出している。労働している近所の住民に対して「おきばりやす」、川で洗い物をしていれば「お洗いやす」と声をかけ、他家を訪れる時はもちろん「ごめんやす」、夕暮れ、野良《のら》仕事の帰り支《じ》度《たく》をしている者にたいしては「おしまいやす」。

そして一日の働きを終え、家路《いえじ》につく人に対しては、いたわりを込めて「おやすみやす」。

―やんす

【助動】お―になる。―しておられる。長浜以北でよく用いられる尊敬の意の助動詞。「ない」の項でも触れたが、昭和七年（一九三二）刊行の書物には、現在の大津市にあたる南比良《みなみひら》で「ヤンセ（給へ）」とある。かつて、と言っても百年程度以前は、湖北はもちろん湖西、湖東、おそらく湖南でも使われていた言葉なのかもしれない。さて、「やんす」は、上一段・下一段・カ変・サ変動詞の連用形に接続する。特にサ変・カ変動詞は使用頻度が高いから、「さんす」「きゃんす」などと造語をなしている。『日本国語大辞典』によれば、「やしゃる」（主に近世上方言葉《かみがた》）の変化した言葉という。「やしゃる、やしゃります、やしゃんす、やんす」と。過去形は「やんた」「やんした」。

「あの人が**さんたんか**」
「黙って見てんと、早う食べ**やんせ**」
「もう、しょもないこと書くの、やめ**やんせ**」

やんせん

【連語】おられない。不在である。先に触れた「やーれん」と意味がほぼ同じ。この場合は、居（「居る」の連用形）・やんせ（「やんす」の未然形）・ん（「ぬ」に同じ、打消の意の助動詞）と、「居やんせん」がつづまった形。「やーれん」がどちらかと言えば、男性に多い用例であり、「やんせん」は、発話者が女性の場合に多いということだ。

「ああ、雅ちゃん、**やーるかあ**てか。ちょっと待ってなあ。…いま、**やんせんわ**」「ほんなこと言うて**やんせんで**」

ゆうて

【名】湯手ぬぐい。入浴時に使用する手ぬぐい。「タオル」に席《せっ》捲《けん》され、死語になってしまったか。

―よい

【助】―できない。「できよい」（できない）という形でよく耳にするが、可能の意の動詞の未然形につく。よく似た語に「よかい」があるが、これは「―ようかい」がつづまったものだから、「よい」も、あるいは「よかい」の「か」が消滅したものかもしれない。「かい」はもとも

と反語の助詞「か」に由来し、打消の意味で用いられるようになった気がする。（「かい」の項参照）

「あいつに何ができ**よい**」

「あんな高級なもん、なんで買え**よい**ね」

「二年もたったら流行遅れになってもて、もう着られ**よかい**ね」

ようけ

【副】「余計」の訛りか。たくさん。数多く。

「**ようけ**魚がおる」

ようさん

【副】たくさん。「仰山《ぎょうさん》」が柔らかく発音された形か。関西で一般的な「ようけ」（「余計」の訛りか）もようけ使用されるが、「ようさん」も結構ようさん使われる。

「初詣《はつもうで》にお多賀さんへ行ったけど、天気もようて、**ようさん**の人やった」

や

ような

【連語】ありがとう、よくしてくれましたね、の意。「ようね」とも言う。

「おおきに、**ような**。また頼むわな」

よけ

【副】「余計」の訛りか。「よけ」と言う場合は、多く打消の語と呼応して「それ以上―（ない）」という意味になる。「ようけ」と言う場合は、陳述《ちんじゅつ》副詞的意味合いはない。

「あれでは、**よけ**あかん」

よけのまい

【名】余計。付け足し。蛇足。

「あれでやめといたらよかったのに、**よけのまい**のこと言わったな」

よさり

【名】夜。『竹取物語』にも用例がある。

「この辺は**よさり**はさぶしないさかい、気いつけなあかんで」

子どもの気持ち

家で
だまって見てんと、はよ食べ**やんせ**
ケチャップかけんといてて言うたのに…
さめたのいやなんなら、レンジで**のくとめ**たろか？
公園で
はよ、**きーな**。もう、**いぬ**で
えーっ、**もうはい**かあ
もう長いこと遊んだやろ。ぐずぐずしてると、**よさり**になってまうで

標準語訳

やんせ ⇩ P.113
早く食べなさい

のくとめる ⇩ P.86
温めてあげようか？

きーな ⇩ P.39
いぬ ⇩ P.19
早く、来なさい。
もう、帰るわよ

もうはい ⇩ P.105
よさり ⇩ P.116
えーっ、こんなに早く
夜になってしまうわよ。

や

よぞい

【形】おぞましい。毛嫌いすべきだ。相手にするのも嫌だ。「よぞくろしい」「えぞくろしい」とも。古語「おぞし」からの転であろうか。

「こんだけ勉強せえせえ言うて、宿題いっぱい出したったら、**よぞい**やっちゃて思われるやろな」

よばれる

【動】食べる。通常の「呼ばれる」の意の他、「ご相伴《しょうばん》にあずかる」「宴席《えんせき》に招待されご馳走《ちそう》をふるまわれる」意に用いられることはもちろんだが、単に「食事する」「食べる」の意でも用いられる。

「ああ、腹減った。子どもらもはよおいで、さあ、**よばれよ**」

よぶ

【動】「よばれる」同様、食べ物を振る舞う意。「正月よび」などという言い方もある。

「ほれ、うまそうやなあ。ちょっとわしにも**よんで**」

―よる

【助動】―する。―している。対象に対して優位にたつ時、あるいは、敬意を払う必要がまったくなかったり反感を持ったりしている場合に、その心情が反映される助動詞。連用形接続。「遅れて来よった」「まだきょーらん」などと言う。不在の意の「よーらん」（居《い》よらぬ）や、「行く」に接続した場合の「行きよる」などは、「いっこる」となまって、ともに別語の趣がある。

「あいつが、こんなこと**しよる**さかい、わいらが困らなあかんのや」

「醒井《さめがい》あたりには、まだハリヨが**いよる**んやて」

―らる

【助動】―しておられる。古語の尊敬の意の助動詞「らる」に同じか。ただし、接続助詞「て」（連用形接続）に続けて用いられる場合が多い。

「何言うて**らる**んやいな。ほんなもん、ほっとけ」

「かわいそうに、一人で泣いて**らる**」

りこもん

【名】利口者。聞き分けがいい子。人の良い、馬鹿正直な人に対して「りこもんさん」などと、見下すようなニュアンスで用いられることもある。

「ちゃんと**りこもん**に留守番してたか」

りんちょく

【名】几帳面《きちょうめん》。身辺を乱れなく正してある状態を言う。

「まあいっぺん、あそこの家行ってみい。ほら、**りんちょく**にしたるで」

―る

【助動】―しておられる。古語の尊敬の意の助動詞「る」に同じか。五段活用動詞の未然形につく。

「なんちゅうこと言わ**る**んやいな」

―んす

【助動】お―になる。―しておられる。「やんす」同様、米原や長浜以北でよく耳にする尊敬の意を示す言葉。これも『日本国

ことばの諸相

［りこもん］

嘲笑するニュアンスが込められることも

昔、「りこもん（利口者）」にしていたら、「ええもん（いい物、おやつの類）」がもらえた。しかし「りこもん」でいるのは窮屈《きゅうくつ》で、身体中がムズムズしてくる。私はたいした「やんちゃ」でもなかったが、人間誰しもずっと「りこもん」でいられるわけがない。ハメを外したくなるものである。

かように「りこもん」とは、人のかくあるべき姿を指すので、かくあらざる者にとっては、少々こそばゆい、よそゆきの人物像であり、行儀正しい語であると思っていた。

しかし、「りこもん」はまた、正直者、善良な人物を嘲笑《ちょうしょう》するニュアンスで使われることがある。あまり感心したことではないが、「正直者は馬鹿を見る」「善人は早死にする」という諺《ことわざ》同様、タチの悪いものである。

そんなニュアンスが「りこもん」に込められているのを知った時、私は大いに「りこもん」に肩入れしたくなった。「りこもん」がそうそういつまでも「リモコン」であるわけがない。

わ

語大辞典』によれば、もと遊里で用いられた尊敬の助動詞「しゃんす」の変化した語であるという。「しゃんす」は四段・ナ変動詞の未然形に付くが、「んす」も五段動詞の未然形に付く。過去形は「んた」「んした」。

「タツやんは、酒一升ぐらいは軽う飲ま**んす**で」

「ほんなひどいこと言わ**んした**か」

「ケンちゃんが嫌なこと、さ**んた**」

方言で語る
日本の古典文学

馬の口ひいて
あっちこっち行くうち、
年とってまう馬子《まご》やらは、
ほの日ほの日が旅やし、
言うたらまあ、
旅が住処《すみか》やわなあ
ほら、ほうや

作者不詳「竹取物語」

今は昔、竹取の翁《おきな》といふものありけり。野山にまじりて竹を取りつつ、よろづのことに使ひけり。名をばさぬきの造《みやつこ》となむいひける。

今は昔としょうまいけ。竹取の翁ちゅうもんがおったんや。いっせつ野山に分け入っては竹取って、いろんなもんにつことった。名前を讃岐《さぬき》の造《みやつこ》ちゅうた。

紀貫之「土佐日記」

男もすなる日記といふものを、女もしてみむとて、するなり。それの年の十二月《しわす》の二十日《はつか》あまり一日《ひとひ》の日の戌《いぬ》の時に門出《かどで》す。そのよし、いささかにものに書きつく。

男しが書かーるたらちゅう日記ちゅうもんを、女のうちも書いてみよ思て書くにゃ。ある年の師走《しわす》の二十一日のよさりに門出したんや。ほのときのことをちょびっと書いてみるわ。

清少納言「枕草子」

春はあけぼの。やうやう白くなりゆく山ぎは、少しあかりて、紫だちたる雲の細くたなびきたる。

春は、ほのぼの夜が明けるころがええなあ。だんだんと白うなってく山のきわが少しあこなって、紫色めいた雲が細うたなびいたるのなんか、ほら、ええで。

紫式部「源氏物語」

いづれの御時《おんとき》にか、女御更衣《にょうごこうい》あまたさぶらひ給《たま》ひける中に、いとやむごとなききははにはあらぬが、すぐれて時めき給ふありけり。

どの天皇はんの時やったやろか、女御やら更衣やらようけ仕えてやんす中に、ほんお偉いちゅう身分やないにゃけんど、格別かわいがられてやったお人が居《い》やんした。

鴨長明「方丈記」

ゆく河の流れは絶えずして、しかも、もとの水にあらず。よどみに浮かぶうたかたは、かつ消えかつ結びて、久しくとどまりたる例《ためし》なし。

川の流れはやまることはないし、ほの上、ほこに流れたる水はもとの水やあらへん。よどみにポワンと浮《う》っきょる泡も、消えた思たらまたでけるし、ながいことほのまんまちゅうことはあらへん。

「平家物語」

祇園精舎《ぎおんしょうじゃ》の鐘の声、諸行無常《しょぎょうむじょう》の響きあり。娑羅双樹《しゃらそうじゅ》の花の色、盛者必衰《じょうしゃひっすい》のことわりをあらはす。おごれる人も久しからず。ただ、春の夜《よ》の夢のごとし。たけき者もつひには滅びぬ。ひとへに風の前の塵《ちり》に同じ。

祇園精舎の鐘の音には、どんなもんでもはかないもんやちゅう響きがありますわなあ。娑羅双樹の花の色には、今を時めくもんもいずれ滅んでまうちゅう道理がありますわなあ。偉そにしてやる人も長うはあらへん。春の夜の夢みたいにはかないもんや。えらい勢いのもんも最後には滅んでまう。いずれ消えてまう風の前の塵におんなじや。

吉田兼好「徒然草」

つれづれなるままに、日暮らし、硯《すずり》に向かひて、心にうつりゆくよしなしごとをそこはかとなく書きつくれば、あやしうこそ物ぐるほしけれ。

なんにもすることがないまんま、ひんなかぼおっと硯に向こて、心に浮かんだしりから消えるような、どおっちゅうこともないようなことを、訳《わけ》ものう紙に書いたりしてると、そやし、なんや、気ィがおかしなりそうや。

松尾芭蕉「奥の細道」

月日は百代《はくたい》の過客《かかく》にして、行きかふ年もまた旅人也《なり》。舟の上に生涯をうかべ、馬の口とらへて老いを迎ふるものは、日々旅にして、旅を栖《すみか》とす。古人も多く旅に死せるあり。

月日ちゅうもんは永遠の旅人みたいなもんで、来ては行っこる年ちゅうもんもまた旅人や。舟の上で、ほんまに流れのまんまに一生を浮かべる船頭やら、馬の口ひいてあっちこっち行くうち、年とってまう馬子《まご》やらは、ほの日ほの日が旅やし、言うたらまあ、旅が住処《すみか》やわなあ。昔の風流人も、ぎょうさん旅の途中で死なはった人がやーる。

運命の出会い——森鷗外「舞姫」抄

或る日の夕暮なりしが、余は獣苑《じゅうえん》を漫歩して、ウンテル・デン・リンデンを過ぎ、我がモンビシユウ街の僑居《きょうきょ》に帰らんと、クロステル巷《こう》の古寺の前に来ぬ。余は彼の灯火《ともしび》の海を渡り来て、この狭く薄暗き巷《こうじ》に入り、楼上の木欄《おばしま》に干したる敷布、襦袢《はだぎ》などまだ取入れぬ人家、頬髭《ほおひげ》長き猶太《ユダヤ》教徒の翁《おきな》が戸前に佇《たたず》みたる居酒屋、一つの梯《はしご》は直ちに楼《たかどの》に達し、他の梯は窖《あなぐら》住まひの鍛冶《かじ》が家に通じたる貸家などに向ひて、凹字の形に引籠みて立てられたる、此三百年前の遺跡を望む毎に、心の恍惚《こうこつ》となりて暫し佇《たたず》みしこと幾度なるを知らず。

湖北言葉による訳

ある日の夕方やったが、わいは公園をぼちっと歩いてから、ウンテル－デン－リンデンを通ってモンビシュウ街の下宿に往《い》の思てクロステル巷のふる寺のとこに着いたんや。わいは灯りの海をあちこち歩いてきて、この狭うて薄暗い下町にはいって、たてもんの手すりに干したある敷布や襦袢をまだ取り入れとらん家やら、頬髭の長いユダヤ教の爺さんが戸の前でぼおっとしとる居酒屋やら、一つの階段はほのまんまビルに上がれて、ほかのんは地下に住んどる鍛冶屋に通じたある貸家やらに向こうて、凹の字にへこんで建てられ今この処を過ぎんとするとき、鎖《とざ》したる寺門の扉に倚《よ》りて、声を呑みつゝ泣くひとりの少女あるを見たり。年は十六七なるべし。被りし巾《きれ》を洩れたる髪の色は、薄きこがね色にて、着たる衣は垢つき汚れたりとも見えず。我足音に驚かされてかへりみたる面《おもて》、余に詩人の筆なければこれを写すべくもあらず。この青く清らにて物問ひたげに愁《うれい》を含める目《まみ》の、半ば露を宿せる長き睫毛《まつげ》に掩《おお》はれたるは、何故に一顧したるのみにて、用心深き我心の底までは徹したるか。

たーる、この三百年前の遺跡を目にするたんびに、気持ちがぼおっとなって、せんどじいっとしてたことが何回あったかわからへん。

ほの時ここ往《い》の思たら、閉まったる寺の門の戸によりもって、ひくひく泣いてやるお嬢がやあった。年は十六、七やろなあ。スカーフからはみ出たる髪の毛は薄い金髪で、着てやる服も垢《あか》で汚れたるとも見えなんだ。わいの足音にびっくりしてこっち見やった、ほの顔は、わいには詩人の才能ないさかい、よう表せん。何やこう、透き通るほど青うて、尋ねたげに物憂い目ェで、半ば涙に濡れた長いまつげで覆われたる目ェは、なんでちょっと見よったただけで、堅いはずのわいの心の底までぐっと来たんやろ。

彼は料《はか》らぬ深き歎きに遭《あ》ひて、前後を顧みる遑《いとま》なく、ここに立ちて泣くにや。我が臆病なる心は憐憫《れんびん》の情に打ち勝たれて、余は覚えず側に倚り、「何故に泣き玉ふか。ところに繋累《けいるい》なき外人《よそびと》は、却《かえ》りて力を借し易きこともあらん。」といひ掛けたるが、我ながらわが大膽なるに呆れたり。

彼は驚きてわが黄なる面《おもて》を打守りしが、我が真率なる心や色に形《あら》はれたりけん。「君は善き人なりと見ゆ。彼の如く酷《むご》くはあらじ。又た我母の如く。」暫し涸《か》れたる涙の泉は又溢《あふ》れて愛らしき頰を流れ落つ。

思いがけんひどいめにおうて、後先のこと考えられんと、ここで泣いてやーるんやろか。内気なわいの心も不憫《ふびん》さに負けてもて、知らんてるまにそばに寄って、「なんで泣いてやあるん。ここらに縁のないわいみたいな外人やったら、かえって力貸しやすいこともあるんと思うで。」としゃべりかけたけんど、わいは自分でも大胆さに呆れてもた。

ほの人はびっくりして、白人ちゃうわいの顔をじいっと見てやあったが、わいのほん真《ま》面目《じめ》な気持ちが表れたったんやろ。「おまんはええ人やと思うわ。あいつみたいによぞいことはないやろ。ほしてうちのおかちゃんみたいに。」ほんのま止まったった涙がまた溢れ出てきて、可愛らしいほっぺたを流れ落ち

なんで
泣いてやあるん?

「我を救ひ玉へ、君。わが恥なき人とならんを。母はわが彼の言葉に従はねばとて、我を打ちき。父は死にたり。明日は葬らではかなはぬに、家に一銭の貯《たくわえ》だになし。」

跡は欷歔《ききょ》の声のみ。我眼はこのうつむきたる少女の顫《ふる》ふ項《うなじ》にのみ注がれたり。

「君が家に送り行かんに、先づ心を鎮《しず》め玉へ。声をな人に聞かせ玉ひそ。こゝは往来なるに。」彼は物語するうちに、覚えず我肩に倚《よ》りしが、この時ふと頭《かしら》を擡《もた》げ、又始《はじめ》てわれを見たるが如く、恥ぢて我側を飛びのきつ。

た。

「おまん、うち助けてえな。うち恥知らずになってまうんや。おかちゃんはあいつの言うとおりにせなんだらあかんちゅうて、うちをしばかはるんや。お父ちゃんが死なったさかい、明日葬式せなあかんのに、家には一銭もあらへん。もう、ほっこりやわ。」

ほない言うてすすり泣かはるだけや。わいは、うつむいてしゃくりあげるこの子のうなじばっかり見てた。「おまはんの家に送ってってたるさかい、まあ気ィ鎮めいな。声を人に聞かせたらあこかいな。ここは街道やさかい。」この子は、しゃべってるうちに知らんとわいの肩によりかかってきゃあったけんど、ほの時ひょいと顔上げて、初めてわいを見たみた

　人の見るが厭《いと》はしさに、早足に行く少女の跡に附きて、寺の筋向ひなる大戸を入れば、欠け損じたる石の梯《はしご》あり。これを上ぼりて、四階目に腰を折りて潜《くぐ》るべき程の戸あり。少女はさびたる針金の先きを捩《ね》ぢ曲げたるに、手を掛けて強く引きしに、中には咳枯《しわが》れたる老媼《おうな》の声して、「誰《た》ぞ」と問ふ。エリス帰りぬと答ふる間もなく、戸をあらゝかに引開けしは、半ば白みたる髪、悪《あ》しき相にはあらねど、貧苦の痕を額《ぬか》に印せし面《おもて》の老媼にて、古き獣綿《じゅうめん》の衣を着、汚れたる上靴《うわぐつ》を穿《は》きたり。エリスの余に会釈《えしゃく》して入るを、かれは待ち兼ねし如く、戸を劇《はげ》しくたて切りつ。

いに、恥ずかしそうにわいのそばからどかった。
　人が見やるのがかなんさかい、早足で行くこの子のしりについて、寺の筋向かいの、いかい戸ォをはいると、欠けた石段があった。ほれを上がって四階目にかがんで入るような入り口がある。おなごは錆びた針金の先をねじ曲げたもんに手ェかけて引き開けやった。ほいたら、中でしゃがれた年寄りの声がして「誰やいね」と尋ねよる。「エリスやんか、もんて来たで」ちゅうまもなく戸ォをがいっと開けたんは、半分白髪頭、顔つきは悪ないけんど、貧乏が顔じゅうにしみついた顔のお婆で、古いラシャの着物を着て、汚れた上靴を履いとった。エリスちゅう子がわいに礼して

　余は暫し茫然《ぼうぜん》として立ちたりしが、ふと油灯《ランプ》の光に透《すか》して戸を見れば、エルンスト、ワイゲルトと漆《うるし》もて書き、下に仕立物師と注したり。これすぎぬといふ少女が父の名なるべし。内には言ひ争ふごとき声聞えしが、又静になりて戸は再び明きぬ。さきの老媼は慇《いん》懃《ぎん》におのが無礼の振舞《ふるまい》せしを詫《わ》びて余を迎へ入れつ。戸の内は厨《くりや》にて、右手《めて》の低きまどに、眞白に洗ひたる麻布を懸《か》けたり。左手《ゆんで》には粗末に積上げたる煉瓦の竈《かまど》あり。正面の一室の戸は半ば開きたるが、内には白布を掩《おお》へる臥《ふし》床《ど》あり。伏したるはなき人なるべし。竈の側なる戸を開きて余を導きつ。この処は所謂《いわゆる》「マ

入るのを待ってたように、戸ォをピシャアンと閉めよった。

　わいはほんの間ぼおっと立ってたけど、ふっとランプの光で入り口見たら、エルンスト・ワイゲルトと漆で書いたって、ほの下に仕立て物師と書いたあった。これが死んだっちゅう男親の名ァやろう。中ではいさかいの声がしたったけんど、また止んで戸があいた。さっきのお婆はえらい丁寧に自分の無礼さを謝って、わいを中に入れてくれよった。入ったとこはだいどこで、右手の低い窓に真っ白に洗うた麻の布が懸けたある。左手には煉瓦《れんが》をみすぼらしう積み上げたおくどさんがあった。真ん前の部屋の戸ォは半分あいたったけんど、中には白い布をかぶせたあるベッドが

ンサルド」の街に面したる一間《ま》なれば、天井もなし。隅の屋根裏よりまどに向ひて斜に下れる梁《はり》を、紙にて張りたる下の、立たば頭の支《つか》ふべき処に臥床あり。中央なる机には美しき氈《かも》を掛けて、上には書物一二巻と写真帖とを列べ、陶瓶《とうへい》にはこゝに似合はしからぬ価《あたい》高き花束を生けたり。そが傍に少女は羞《はじ》を帯びて立てり。

彼は優れて美なり。乳《ち》の如き色の顔は灯火《ともしび》に映じて微紅《うすくれない》を潮《さ》したり。手足の繊《ほそ》くたをやかなるは、貧家の女に似ず。老媼《おうな》の室《へや》を出でし跡にて、少女《おとめ》は少し訛《なま》りたる言葉にて言

あった。ほこに横たわってやーるんは仏さんやろ。おくどさんのそばの戸ォをあけて、わいを招かある。ここは屋根裏部屋の街に面した一間やさかい天井もあらへん。隅の屋根裏から窓に向こうて斜めに下がった梁を紙で張った下の、立ったら頭がつかえるようなとこにベットがある。真ん中の机には美しい敷もんを掛けて、ほの上には本が一、二冊とアルバムを並べて、花瓶にはここには似合わん高そな花束がを生けたある。ほのそばに、このお嬢は恥ずかしそうに立ってやーる。

この子はほんまに別嬪《べっぴん》さんや。乳みたいな色の顔が灯りに映ってぼおっとうす赤い。手足がなよなよっとしたるんは、貧乏人の娘とは思えん。お婆が部屋を出て行った後で、こ

ふ。「許し玉へ。君をこゝまで導きし心なさを。君は善き人なるべし。我をばよも憎み玉はじ。明日に迫るは父の葬《ほうり》、たのみに思ひしシヤウムベルヒ、君は彼を知らでやおはさん。彼は『ヰクトリア』座の座頭《ざがしら》なり。彼が抱《かか》へとなりしより、早や二年《ふたとせ》なれば、事なく我等を助けんと思ひしに、人の憂《うれい》に附けこみて、身勝手なるいひ掛けせんとは。我を救ひ玉へ、君。金をば薄き給金を拆《さ》きて還し参らせん、縦令《よしや》我身は食《くら》はずとも。それもならずば母の言葉に。」彼は涙ぐみて身をふるはせたり。その見上げたる目《まみ》には、人に否とはいはせぬ媚態《びたい》あり。この目の働きは知りてするにや、又自らは知らぬにや。

の娘は、訛りのある言葉で言うた。「こらいてな。おまんをここまで連れて来てもた、うちのあさはかさを。おまんはええ人やろ。うちをひどう思わらへんやろ。明日はお父ちゃんの葬式やいうのに、頼りに思てたシャウムベルヒ、おまんはほいつ知らあれんやろなあ、ウィクトリア座の座頭してやんすんや。ほのお抱えになって、もうはい二年になるさかい、なんなり助けてくれやる思てたのに、人の弱みにつけこんで、身勝手な言いがかりさーるんや。なあおまん、うちを助けてえな。金は少ない給料やけんど、ほんなかから、ちびっとずつでも返すがな。うちは満足に食えんでもええ。ほれがあかんかったら、おかちゃんの言う通りにせなあかんのや。」おなごは涙

我が隠しには二三「マルク」の銀貨あれど、それにて足るべくもあらねば、余は時計をはづして机の上に置きぬ。「これにて一時の急を凌《しの》ぎ玉へ。質屋の使のモンビシユウ街三番地にて太田と尋ね来ん折には価を取らすべきに。」

少女は驚き感ぜしさま見えて、余が辞別《わかれ》のために出したる手を唇にあてたるが、はらはらと落つる熱き涙を我手の背《そびら》に濺《そそ》ぎつ。

（「舞姫」本文は「青空文庫」を利用しました。）

ぐんで身ィ震わせてやーる。見上げた目ェには人にいやちゅわせん媚《こ》びがある。ほの目ェの働きは知っててしゃーるんやろか、自分では知らーれんのやろか。

わいの内ポケットには、二、三マルクの銀貨があったけんど、ほれで足るはずもないさけえ、時計はずして机の上に置いたった。「これでいっときの急を凌ぎない。ひちやの小僧がモンビシュウ街三番地まで太田いうて尋ねてきゃんたときには、金を払たろほん。だんない、だんない。」

そのお嬢ははびっくりした様子で、わいが別れのために出した手ェを唇に当てやったんやが、はらはらと落ちるぬくとい涙をわいの手の甲に流さあったんやがな。

滋賀方言の概略とその特徴

芭蕉《ばしょう》との交友でも有名な彦根藩士、森川許六《きょりく》の編による『風俗文選《もんぜん》』に所収されている「鄙歌《ひなうた》」と題するざれ歌がある。

あふみぶり　　　　よみ人知らず

鴬に。きとろはさぶいみなべらの。うらしか。とこの。軒にけよやれ。

北方　寒　南辺　己等　所　来

「うぐいすめには日のささん北側はさぶいやろ、南側のわいとこの軒先に来いやい」と、現代の「近江《おうみ》ぶり」ならこんな感じであろうか。

ちまたの民衆百姓の話しぶりが、そのまま文字に書き留められて文献に残ることは、狂言や俗謡、江戸期の戯曲・小説の類を除いて、あまりあることではない。しかもそれが、近江という「鄙」（一地方）の言葉とはっきり意識してのことであるものは、なおさらである。

ここでは近江の言葉ぶりについて、ささやかな見解を述べようと思うが、私は大規模な方言調査を行ったわけでもないし、文献旧記をしらみつぶしに調査したわけでもない。しかし、私自身のこれまでの生活体験で耳にし、口にしてきた、なまの近江言葉を題材に、国語学者や滋賀県方言研究の先達に後押ししてもらうかたちで書き進める。

滋賀方言の概観

そもそも滋賀県の方言は、日本の言葉を三分割した場合の西部方言に属し、そのうちの近畿方言の京都系方言とされている。

言うまでもなく近江は湖《うみ》の国である。それを菱形に取り囲むように、野坂・比良比叡・田上《たなかみ》・鈴鹿・伊吹等の山地山系が他国と分かち、盆の内側への分水が太古より湖や湿地をなし、あるいは洪水のたびに、それらを埋める形で沖積《ちゅうせき》平野を形成してきた。

山の鞍部《あんぶ》（峠）や切れ目を通って、若狭《わかさ》街道（朽木《くつき》）・北国《ほっこく》街道（栃木《とちのき》峠）・中山道（不《ふ》破関《わのせき》）・東海道（鈴鹿峠・鈴鹿関）等の主要街道が若狭・越前方面、美濃、伊賀へ通じているが、何といってもその出発点は遷都以来千二百有余年の都、京である。大津・逢坂《おうさかの》関《せき》は京から北陸・東山・東海道に向かう道の、言わば日本古来の頸《けい》動脈の要であり、したがって近江は、古代壬申《じんしん》や戦国の乱、信長の野望等を取り上げるまでもなく、歴史的に京や上方《かみがた》への東玄関としての役割を担ってきたのである。したがって京都の方言や風俗の直接的影響なくして滋賀方言は語れないことも言うまでもない。

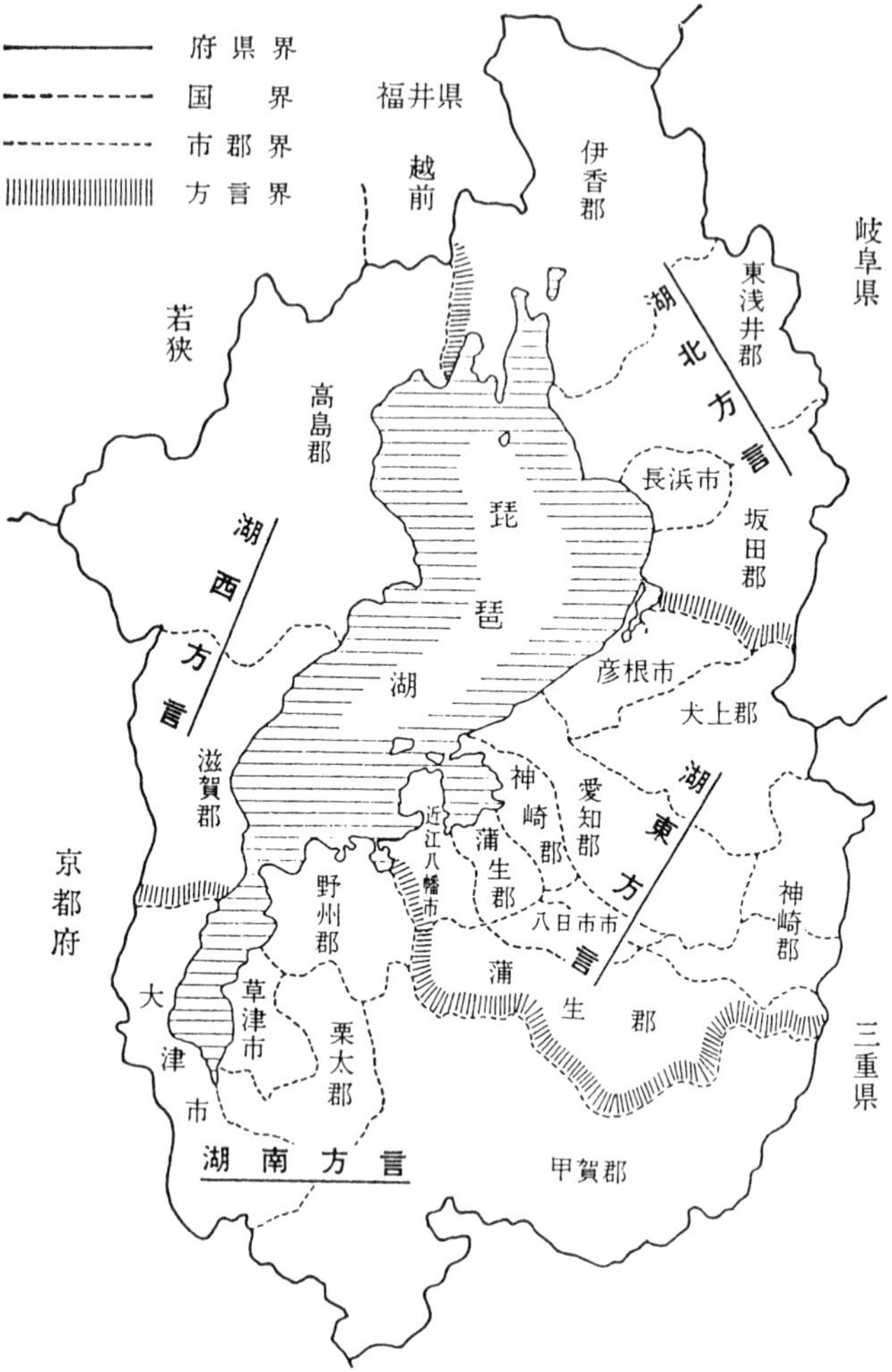

滋賀県（行政区画・方言区画）　出典：かけひもとき「滋賀県方言」（楳垣実編『近畿方言の総合的研究』所収、三省堂、1962）

では、国内有数の典型的な盆地であり、しかもそのまま一国。近江＝滋賀の言葉には目立った区画がなくほぼ均一なのかと言うと、そうでもない。湖上交通は別として、京から一直線には向かえない湖北、彦根米原の磯山《いそやま》・佐和山《さわやま》と、海津《かいづ》大崎《おおさき》になだれこむ東山によって仕切られてきたこの地方は、現在もその言葉ぶりの趣を異にしている。

『滋賀県方言の調査研究』（井之口有一　一九六一）でも、この地はアクセントの面で京都的ではないとして、また語法の面でも湖北を「特異方言地帯」と別にし、湖南・湖東・湖西は京都的方言地帯であるとみなしている。また、湖北・高島方言圏、彦根藩領方言圏を画定すべき要素もある、としている。私は、これに加えて、伊賀との往来さかんな旧甲《こう》賀《か》郡や中京圏と接する旧坂田郡山東《さんとう》町あたりは、ある程度厳密に区別する要素ありとも思う。

　しかし、本稿は、滋賀方言の総合的研究や分類分析が目的ではないので、ここでは深入りを避け、他県と比べ特徴的な滋賀県言葉の言い回しを二三挙げてみるにとどめる。

　そこで、尊敬の意の助動詞を取り上げてみようと思う。京大阪では通常「はる」が用いられているが、現在、湖南湖西地域の京阪神のベッドタウン化すさまじい中、また湖東、はては湖北までも大阪の通勤圏に組み込まれた今、「はる」の滋賀県への張り出し、周辺への延伸は、昔日《せきじつ》の比ではないように思われる。たとえば京阪神の西際、西神戸や東播《とうばん》で言う尊敬の意の「もう、行っとってや」の「とって」も、「もう、行ってはる」などと、「はる」に取ってかわられようとしているのではないか。近江では、中京方言の尊敬の言い方、たとえば「もう来てみえる」などは、県境の旧山東町辺りに聞こえてくる程度か。上方言葉、京阪の「はる」の進軍するなか、滋賀県に残存する尊敬親愛表現を検討する。

尊敬・親愛の助動詞「る（ーる）」「やる（やーる）」

「もう行か（ー）ったか?」「なんでも食べや（ー）る」のように用いる。もちろん湖南でも耳にするが、湖東湖北では日常会話に見られる普通の言い方である。一般に湖南・湖東では長音化せず、湖北で「ーる・やーる」と言う傾向にあると思う。そしてその分やや悠長な印象を聞く者に与える。

「やる（やーる）」は五段活用以外の動詞の連用形と接続助詞「て」の後につく。これは「ある（あり）」の変化した語であろう。「食べ・ある」と他者の行為に距離をおいて敬意を示すやり方である。

「行きやる」「飲みやる」のように五段活用動詞の連用形に続く言い方も存在するが、こ

〔参考1〕現代語　動詞活用表（筆者作成）

種類	行	例語	語幹	未然形	連用形	終止形	連体形	仮定形	命令形	備考
				～ナイ ～ウ・ヨウ	～マス ～テ	○	～コト ～トキ	～バ	○	
五段	カ	書く	か	か・こ	き・い	く	く	け	け	古語の四段・ナ変・ラ変は五段に
	マ	読む	よ	ま・も	み・ん	む	む	め	め	
	ラ	取る	と	ら・ろ	り・っ	る	る	れ	れ	
上一段	ナ	似る	(に)	に	に	にる	にる	にれ	にろ・によ	古語の上二段は上一段に
	バ	浴びる	あ	び	び	びる	びる	びれ	びろ・びよ	
	マ	見る	(み)	み	み	みる	みる	みれ	みろ・みよ	
下一段	ダ	出る	(で)	で	で	でる	でる	でれ	でろ・でよ	古語の下二段は下一段に
	バ	食べる	た	べ	べ	べる	べる	べれ	べろ・べよ	
	ラ	流れる	なが	れ	れ	れる	れる	れれ	れろ・れよ	
変格	カ	来る	○	こ	き	くる	くる	くれ	こい	
変格	サ	する	○	し・さ・せ	し	する	する	すれ	しろ・せよ	複合語多数あり

〔参考2〕音便の例

イ音便《おんびん》……書き(ki)た → 書い(i)た
ウ音便……高く(ku)なる → 高う(u)なる
促《そく》音便……取りた → 取った（促音とは、つまる音「っ」）
撥《はつ》音便……読みた → 読んだ（撥音とは「ん」のこと）
拗音《ようおん》の例　きゃ　じゅ　ちょ　にゃ　ぴゅ　みょ　りゃ　他

の場合はどちらかと言えば目下・年下の者に対する親愛の言い方である。「ある」から派生した「やる」と言うより、「行き・居（お）る」「飲み居（お）る」の「おる」から派生したもののような気がする。上一段、下一段に付く場合は「居よる」「食べよる」。

「る（ーる）」については、未然形接続だから中古の尊敬の助動詞「る」に由来するというのが手早いようだが、そもそも話し言葉である。日本語の尊敬表現は長年使用のうちに手垢にまみれ、敬意の低落希薄化につながり、新たな敬語で塗り固めるという傾向があるから、これもやはり、もとは「飲ま・せ・らる」であり、訛っての「飲まっしゃる」、その「しゃ」が脱落したものとも考えられる。ただし、尊敬の助動詞「る」「らる」にじかに由来すると思われる言い方も、確かに存在する。一九六一年作成の分布図（前出・井之口有一）によっても、「見らった」「来らった」等の言い方が、旧栗太《くりた》郡（守山・栗東・草津と瀬田川以東の大津市）を中心とする湖南や湖東に認められているし、「何言うてらる」「泣いてらる」等の言い方を現在でもする。近年、びわ湖放送（地元テレビ局）で「野洲のオッサン」がキャラクター化され、「エエこと、してらる」などという言葉に光を当てているが、まさしく滋賀の言葉と言えるかと思う。ずっと大津市石山在の方も「まだ生きてらる」「怒ってらる」など、日常の言い方である。

さて、「る（ーる）」「やる（やーる）」であるが、この言い方は、果たして京阪の「はる」「やはる」の転であろうか。言葉はその発信地（時）から遠ざかるにつれ、古いものが残存するという立場に立てば、これは、「はる」「やはる」の古形であろうとも考えられるが、どうなのか。

滋賀県方言としては、やや改まった場合「る（ーる）」「やる（やーる）」ではなくして、「はる」「やはる」を用いる傾向にある。また「はる」「やはる」と言っても、「る（ーる）」「やる（やーる）」と聞こえる場合もある。

湖北長浜市に残る助動詞「んす」「やんす」

大阪キー局のテレビ電波に近江がすっぽり覆われて半世紀以上。JR新快速も湖北長浜はおろか若狭敦賀まで延伸されて久しい。長浜から京都まで一時間。明治以来の「標準語」と、いわゆる関西弁の放射のなか、しかし、この湖北の地の飾らない会話で、老若男女《ろうにゃくなんにょ》に根強く残っているのが、「え、もう行かんしたか？」「なんでも食べやんす」等の「んす」「やんす」である。

この「んす」「やんす」は、近世上方言葉、遊女言葉に由来するという。「んす」は五段活用動詞に、「やんす」はそれ以外の動詞と接続助詞「て」に接続する。語源的には「行か・せ・らる」の「行かっしゃる」に「ます」がつき、「行かしゃります」から「行かしゃんす」「行かんす」となったものという。「食べやんす」の方も、「食べ・させ・られ・ます」がもともとの語素であろう。「食べさっしゃります」が「食べやしゃります」「食べやしゃんす」「食べやんす」となったもの。また、これらの語は「する」「来る」「居る」など、常時用いる語についた場合、「さんす（される・なさる）」「きゃんす（来られる）」「やんす（おられる）」などと別語の趣を呈する。
思うに湖北で特徴的なこういった語法は、湖北特有の言い方というよりも、時を経て湖北でしかしか使われなくなったと言うべきであろう。筆者の祖母は、明治三十年代生まれの彦根人であったが、「あほなこと、言わんすないやねえ」など
と常々言っていたことを確かに記憶している。この点、湖北は、滋賀県における言語の「島」というべき側面を持っている。
なお、「んす」「やんす」のような言い回しは狂言や戯曲、江戸期の『膝栗毛《ひざくりげ》』の類にも頻出《ひんしゅつ》している。

参考文献

『滋賀縣方言集』　太田榮太郎編　一九三一
『滋賀縣方言資料1　滋賀縣方言取調書』　滋賀県立短期大学　一九五〇
『彦根ことば』　藤谷一海編著　一九五二
『滋賀県方言の調査研究』　井之口有一著　一九六一
『滋賀県方言』　筧大城（かけひ もとき）著　一九六二
『滋賀県方言調査』　藤谷一海編著　一九六四
『滋賀県方言調査　続編』　藤谷一海編著　一九七九
『滋賀県湖東方言地図』　彦根東高方言研究クラブ・熊谷直孝監修　一九七四〜一九七七
『滋賀県方言調査　続編』　藤谷一海編著　一九七九
『湖北方言集』　長浜雇用協議会・長浜公共安定所　一九八三
『滋賀県方言調査　続続編』　藤谷一海・高橋重雄編著　一九八六
『滋賀県南東部方言・用例辞典』　増井金典・増井典夫編　一九九二
『わが郷土 ふくみつ 改訂版』　尾田確一（彦根市野瀬町）　一九九三
『日本列島方言叢書⑮　近畿方言考③（滋賀県・京都府）』　ゆまに書房　一九九六
『ふるさと伊香 改訂版』　伊香郡社会科教育研究会編　木之本町教育委員会・木之本町　一九八〇
『うえのことば』　堀内安治（伊吹町）

『醒井宿・平成かわらばん』第三三号（米原町醒井）　ふる里の歴史を学ぶ会
『肥田町史』　肥田町自治会（彦根市）編　一九九五
『滋賀県方言語彙・用例辞典』　増井金典編　サンライズ出版　二〇〇〇
『滋賀ことば語源辞典』　増井金典編著　滋賀ことばの会　二〇〇一
『彦根ことばとその周辺』　安井二美子著　サンライズ出版　二〇一一
『風俗文選』　森川許六　伊藤松宇校訂　岩波書店　一九二八
『近江輿地史略』　寒川辰清（復刊）小島捨市校訂　歴史図書社　一九六八
『淡海木間攫』（近江史料シリーズ）滋賀県地方史研究家連絡会 編　滋賀県立図書館
『近江名所図会』（復刻）池内順一郎ほか校訂　柳原書店　一九七四
『日本方言大辞典』上・下・別巻　小学館　一九九六
『日本国語大辞典』　小学館　二〇〇〇〜二〇〇二
『広辞苑』第四版　岩波書店　一九九一
『福武古語辞典』　福武書店　一九八八
『角川　日本地名大辞典二五　滋賀県』　角川書店　一九七九
『方言ものしり辞典—北から南』　方言資料研究会　啓明書房　一九八二
『ことばと文化』　鈴木孝夫　岩波書店　一九七三
『日本語以前』　大野晋　岩波書店　一九八七
『全国アホ・バカ分布考』　松本修　太田出版　一九九三
『尾張の方言』　加賀治雄　国書刊行会　一九七五

『京都滋賀古代地名を歩く』　吉田金彦　京都新聞社　一九八七
『語源大辞典』　堀井令以知編　東京堂出版　一九八八
『彦根の歴史ガイドブック』　彦根城博物館 編　彦根市教育委員会　一九九一
『近江の文学』　滋賀県高等学校国語教育研究会 編　京都カルチャー出版　一九九四
『日本語ことばのルーツ探し』　吉田金彦　祥伝社　二〇〇三
『ことばの由来』　堀井令以知　岩波書店　二〇〇五

あとがき

この本は一言で言って、私家版として出版した『北東近江《おうみ》の方言』のリニューアル版である。その時の「あとがき」に「いずれ抜本的に大工事をしてみたい」と書いた。

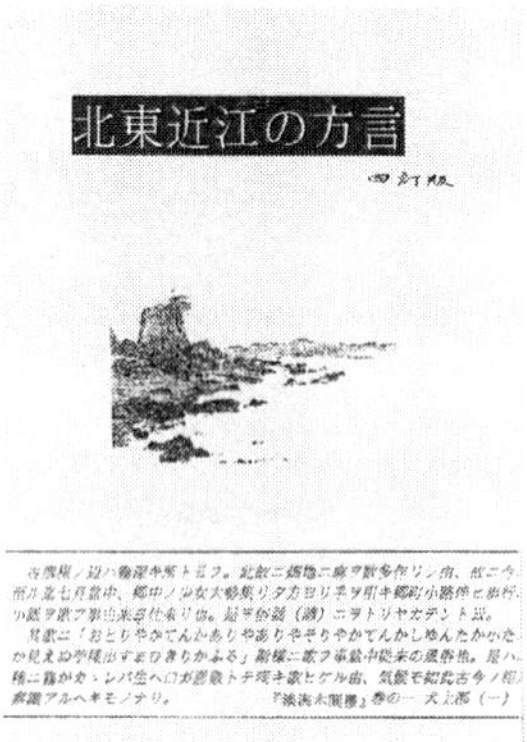

中山敬一『北東近江の方言』四訂版（1998年）

「大工事」をせぬまま十四年たった今年春、サンライズ出版の岸田幸治氏から、あれを復刊してみないかとのお誘いがあった。この申し出は瀕死の近江言葉たちにとっては僥倖《ぎょうこう》この上ないこと、蘇生の甘露《かんろ》とも思ったが、喉《のど》に刺さったままの小骨に触れられた思いでもあった。サカナの身の方はとうに消化してしまってますからとの、若気の不始末に触れられたくない思いもあった。しかし、氏の熱心さに負けて、「過去の遺物、内容はあの冊子のままでお願いします」と、こちらは「復刻」くらいのつもりで同意した。

が、しばらくして、どうせ出版するなら全県的なもので是非お願いしたいということになった。私は研究者でもないし、国語学者・言語学者でもない。荷が重いのである。タイトルを変えるだけでは無責任である。

引き下がろうかとも考えたが、何、考えてみれば、あの本は学究的な辞書でもないし、雑感のようなエッセイふうのものも多い。古典のパロディーだってある。それに彦根や長浜に特定できる言葉なぞほんの一部。死に絶えた言葉は別として、語彙《ごい》の八割は県下一円、いや京都大阪、果ては西日本に通じるもの、との開き直りもあって、こうして、おのがアタマの劣化にむち打って手直しした次第である。

冒頭に述べたリニューアルは言い過ぎかもしれないが、全県的な視野に立って考え直した。しかし、土台が土台だけに、いきおい滋賀県東北部の言葉が中心となっていることは否めない。この本のタイトルからすれば、多少「羊頭狗肉」の感をお持ちになる方もおられようが、そもそも学問的な方言研究書や辞書ではない。私の性格や力量から言って、客観性に堪えうる辞書作りは至難の業だ。第一、まともな方言収集や調査など、やってはいない。だから、この本は「読み物」である。文法的なコメントや語源探求的な記載もあるが、ご愛敬ととらえていただきたい。

私事にわたるが、私の滋賀県言葉への興味は、二十五年前にさかのぼる。十八歳まで彦根で過ごした私は、その後阪神間に出て学生、社会人としての生活を送り、三十四歳の時故郷に舞い戻った。自宅は彦根市、職場は旧木之本町にあった。

二ヶ月ほど経ったそんなある日、妻が、小学生の我が子たちの言うことがおかしいと言う。すわ、転校が何か災いしたかと思ったが、よく聞いてみると、言葉が変わってしまっている、というのである。「地」の人間の私はあまり気付いていなかったのであるが、たとえば「来はる」から「来やる」へ。「言わはる」から「言うてやる」へ。驚いた。子どもの順応力、環境への適応力に舌を巻くとともに、私にも近江言葉がみずみずしく蘇ってきたのだ。意識的な言葉集めがそれから始まった。気になった地元の言葉はいつでもメモに書き留め始めた。ぶしつけにも、会話の流れをさえぎって、語の使用者に、発話されたその言葉の意味や用法をお教えいただいたこともあった。宴席で耳にした「発見」は酔眼朦朧《すいがんもうろう》たるなかで、箸袋《はしぶくろ》に書き付けた。

このように、この言葉集に載せた言葉たちは、私が口にし、直接耳にし、あるいは記憶に残る物故者の音声ばかりである。私が聞いたこともないような言葉は原則掲載していないし、取り上げても、その旨注記しているつもりだ。

一九九〇年代始め、最初のパンフレットのような冊子以来、「びわ湖放送」（滋賀県のテレビ局）がそれを取り上げたり、「日本語語源研究会」での発表もあったりして、それ以降、本書の中にも一部引用させていただいたが、名だたる碩学《せきがく》からお手紙を頂いたり直接お会いしたりして、ご教示を頂いた。もちろん、地域・近隣のみなさんからも、いろんな意見やナマの声を頂いている。その際のご指摘は極力今回の「単語集」にも反映させていただいた。感謝しても余りあるが、そのご厚意にあらためて感謝いたします。

また、長浜市の熊谷直孝氏からは、氏が彦根東高校で教鞭をとっておられた時分のご指導の賜物《たまもの》、『滋賀県湖東方言地図』（彦根東高方言研究クラブ）という、フィールドワークをまとめた四年分の分厚い冊子を譲り受けていた。それもそのままになったきりで忸怩《じくじ》たる思いであったが、今回の発刊で、少しはご恩返しができたかもしれない。

今思い返せば、兵庫県から滋賀県に転勤する際、「父祖の地で云々」などというオオサワで生意気な志望動機を書いたものだ。最初の勤務地はさっき述べた木之本で、それから時計回りにJR河瀬駅近く、そして現在の勤務先は芭蕉の眠る大津膳所《ぜぜ》は義仲寺《ぎちゅうじ》のすぐ近くにある。全県的なタイトルでも「まっ、いいか」と思った理由は、このあたりにもある。父祖《ふそ》の地、滋賀県の、多くの人や自然、風土、文物に教えられた。

サンライズ出版の岸田氏には言葉には尽くせぬお世話になった。氏の「発掘」がなければ、この出版はなかった。いとしい近江言葉たちの「レッド・データブック」である。しゃれた挿し絵、四コマ漫画もビジュアルで楽しい。言葉に命を吹きこみ引き立てていただいた。この計らいも含めて、御礼申し上げます。

二〇一二年九月二十三日

中山敬一

■著者略歴

中山敬一（なかやま・けいいち）

1953年（昭和28年）滋賀県彦根市生まれ。

現在、滋賀県立大津高等学校教諭。

淡海《おうみ》文庫49

ええほん 滋賀の方言手控《てびか》え帖

2012年11月1日　初版第1刷発行　N.D.C.818
2021年5月30日　2版第2刷発行

著　者　中山　敬一

発行者　岩根　順子

発行所　サンライズ出版株式会社
〒522-0004 滋賀県彦根市鳥居本町655-1
電話 0749-22-0627

印刷・製本　サンライズ出版

ISBN978-4-88325-171-1　Printed in Japan　定価はカバーに表示しています。
乱丁・落丁本はお取り替えいたします。

淡海文庫について

「近江」とは大和の都に近い大きな淡水の海という意味の「近（ちかつ）淡海」から転化したもので、その名称は「古事記」にみられます。今、私たちの住むこの土地の文化を語るとき、「近江」でなく、「淡海」の文化を考えようとする機運があります。

これは、まさに滋賀の熱きメッセージを自分の言葉で語りかけようとするものであると思います。

豊かな自然の中での生活、先人たちが築いてきた質の高い伝統や文化を、今の時代に生きるわたしたちの言葉で語り、新しい価値を生み出し、次の世代へ引き継いでいくことを目指し、感動を形に、そして、さらに新たな感動を創りだしていくことを目的として「淡海文庫」の刊行を企画しました。

自然の恵みに感謝し、築き上げられてきた歴史や伝統文化をみつめつつ、今日の湖国を考え、新しい明日の文化を創るための展開が生まれることを願って一冊一冊を丹念に編んでいきたいと思います。

一九九四年四月一日

好評既刊本より

淡海《おうみ》文庫65

現代語訳近江の説話

—伊吹山のヤマトタケルから　三上山のムカデまで

福井栄一 著　定価 1,650円

『今昔物語集』『古今著聞集』などから近江を舞台にした説話17編を、上方評論家の著者が現代語訳。想像力豊かな説話の舞台となった場所や神社仏閣などについても解説。

淡海《おうみ》文庫66

近江の地名

—その由来と変遷

京都地名研究会 編著　定価 1,650円

『和名抄』や条里、木簡などに見られる古代地名から、山岳や城下町、街道、難読地名に至るまで、歴史と文化に育まれた近江ならではの地名を詳述。

淡海《おうみ》文庫67

近江の狛犬を楽しむ

小寺慶昭 著　定価 1,650円

名工佐吉の狛犬、信楽焼狛犬、湖南に集中する建部式狛犬など、地域や時代によって違う狛犬の特徴や見分け方、楽しみ方を狛犬研究第一人者が指南。

価格は消費税10％込みです。